Jean-Pierre Clémenceau
Frédéric Delavier

Um corpo perfeito ao alcance de todas as mulheres

Título do original em francês: *Fitness – Une silhouette de rêve à la portée de toutes les femmes – 1ère éd.*
Copyright © 2007 Éditions Vigot

Tradução: Sonia Augusto
Revisão científica: Prof. Dr. Valdir J. Barbanti
                Professor Titular da Escola de Educação Física e Esporte da USP
Ilustrações: Frédéric Delavier
Projeto gráfico: Graph'm
Preparação, revisão e editoração eletrônica: Depto. editorial da Editora Manole
Adaptação da capa para a edição brasileira: Depto. de arte da Editora Manole

Dados Internacionais de Catalogação na Publicação (CIP)
(Câmara Brasileira do Livro, SP, Brasil)

Clémenceau, Jean-Pierre
   Fitness : um corpo perfeito ao alcance de todas
as mulheres / Jean-Pierre Clémenceau, Frédéric
Delavier ; [tradução Sonia Augusto]. –
Barueri, SP : Manole, 2009.

   Título original: Fitness: une silhouette de
rêve à la portée de toutes les femmes.
   Bibliografia.
   ISBN 978-85-204-2776-7

   1. Aptidão física 2. Educação física
3. Exercícios aeróbicos 4. Exercícios físicos
I. Delavier Frédéric. III Título.

09-01969
                                         CDD-613.7

Índices para catálogo sistemático:

1. Condicionamento físico : Educação física
613.7

Todos os direitos reservados.
Nenhuma parte deste livro poderá ser reproduzida, por qualquer processo,
sem a permissão expressa dos editores.
É proibida a reprodução por xerox.
A Editora Manole é afiliada à ABDR – Associação Brasileira de Direitos Reprográficos.

1ª edição – 2009

Direitos em língua portuguesa adquiridos pela:
Editora Manole Ltda.
Av. Ceci, 672 – Tamboré
06460-120 – Barueri – SP – Brasil
Fone: (11) 4196-6000
Fax: (11) 4196-6021
www.manole.com.br
info@manole.com.br

Impresso no Brasil
Printed in Brazil

Advertência

Os conselhos e as informações que constam neste livro resultam das pesquisas dos autores. Sua exatidão e confiabilidade foram cuidadosamente verificadas, mas eles não têm, de modo algum, o objetivo de substituir a opinião esclarecida de um médico. Portanto, o leitor é o único responsável pelo uso que faz do livro e deve, em caso de dúvida ou de problemas persistentes, consultar um profissional de saúde. Os autores e o editor não se responsabilizam por eventuais danos que possam ocorrer após a utilização das informações contidas no livro.

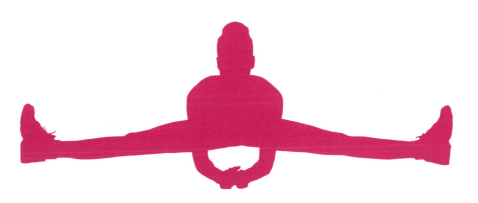

Jean-Pierre Clémenceau, famoso treinador de estrelas internacionais, e Frédéric Delavier, renomado autor de obras de anatomia do movimento, uniram seus conhecimentos a respeito da biomecânica e da anatomia humanas para nos oferecer este guia específico de boa forma.

Destinado às mulheres que desejam manter um corpo tonificado e harmoniosamente delineado — mais firme e também mais flexível —, além de aprimorar ou manter sua silhueta, este livro se dirige tanto às iniciantes quanto às praticantes de esportes.

Jean-Pierre Clémenceau, especialista em postura e em respiração, apresenta exercícios definidos em função do nível de cada praticante e das partes do corpo que se deseja exercitar, fornecendo conselhos valiosos para coordenar a respiração durante o esforço a fim de obter mais eficácia e maior tonicidade muscular.

Frédéric Delavier, graças a sua abordagem anátomo-morfológica original e ao rigor científico de suas ilustrações, propõe nesta nova obra dedicada às mulheres a visualização dos grupos musculares que se deseja esculpir a fim de redesenhar a silhueta de modo quase cirúrgico.

Este livro traz também indicações claras e detalhadas sobre a alimentação, adaptadas a cada pessoa em função de sua atividade física, e propõe exemplos de cardápios equilibrados e voltados para o objetivo almejado.

Você descobrirá como otimizar as funções metabólicas e aprenderá a conhecer melhor sua capacidade cardíaca para melhorar seu desempenho, sempre respeitando as características do seu coração.

Por fim, um tratamento temático do alongamento e dos exercícios específicos para cada parte do corpo permitirá que você aumente sua agilidade e flexibilidade, adquirindo ao mesmo tempo mais facilidade durante os movimentos de musculação e na vida cotidiana. Diminuição da tensão dorsal, visível melhora da firmeza corporal e recuperação muscular mais rápida: aproveite os benefícios desses exercícios complementares.

Graças a este programa de boa forma que deve ser seguido com regularidade e que foi elaborado de modo específico em função das necessidades e do nível de cada mulher (iniciantes, intermediárias ou avançadas), você poderá ver, dia após dia, seu corpo transformar-se, seus gestos ficarem mais seguros, sua elegância manifestar-se e desfrutará de um bem-estar que refletirá em sua vida cotidiana.

Boa leitura e deixe-se guiar!

Sumário

Retorno ao condicionamento	6
Níveis de treinamento	8
Respiração, o elemento fundamental do esforço físico e do relaxamento	14
Alongamento	18
Alimentação saudável e equilibrada	22
Benefícios da água	24
Sais minerais e oligoelementos	26
Vitaminas	29
Como a celulite surge nas mulheres	30
Exercícios	34

BRAÇOS

❶ Extensão do antebraço com haltere	36
❷ Exercícios de musculação	38
❸ Trabalho dos tríceps: musculação no banco	40
❹ Trabalho dos bíceps: flexão dos antebraços com barra	41
❺ Flexão dos antebraços com halteres	42
❻ Flexões de braços	44
❼ Alongamento do antebraço e do punho	46

PEITO

❶ *Pull-over* com haltere	48
❷ Alongamento do peito	49
❸ Supino	50
❹ Afastamento dos braços com halteres (crucifixo)	51
❺ Supino inclinado com barra e com halteres	52

OMBROS

❶ Elevação lateral dos braços com halteres	54
❷ Puxada vertical com barra	56
❸ Desenvolvimento pela frente com barra	58
❹ Elevação lateral, com o tronco inclinado para frente	60
❺ Alongamento dos ombros e do pescoço	62
❻ Alongamento dos deltoides	64
❼ Alongamento dos deltoides	66
❽ Flexibilidade dos ombros	68

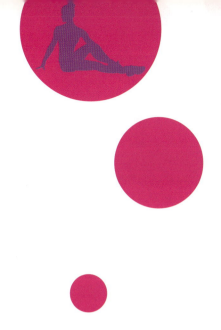

ABDOMINAIS
1. Abdominal — 70
2. Abdominal no banco — 72
3. Extensão das pernas, alternadas — 74
4. Extensão das pernas, pés elevados — 76
5. Elevação do quadril — 78
6. Elevação dos joelhos sentada sobre um banco — 80
7. Elevação do tronco — 82

CINTURA
1. Alongamento com bastão ou halteres — 84
2. Rotação do tronco com bastão — 86
3. Elevação lateral do tronco — 88
4. Alongamento da parte superior do corpo — 90

COSTAS
1. «Remada» com halteres — 92
2. Flexão do tronco para frente com bastão — 94
3. Extensão do tronco — 96
4. Rotação da pelve — 98

GLÚTEOS
1. Avanço para frente com bastão — 100
2. Subida no banco — 102
3. Agachamento com haltere — 104
4. Posteriores da coxa — 106
5. Elevação da pelve — 108
6. Elevação da pelve com os pés no banco — 110
7. Elevação lateral da coxa — 112
8. Abdução do quadril — 114
9. Extensão da perna sobre o banco — 116
10. Posteriores da coxa no banco com haltere — 118
11. Extensão do quadril — 120
12. Alongamento dos glúteos — 122
13. Alongamento dos posteriores das coxas — 124
14. Alongamento dos posteriores das coxas — 126

COXAS
1. Agachamento — 128
2. Agachamento com a barra na frente — 130
3. Flexão dos joelhos com halteres — 132
4. Avanços laterais com halteres — 134
5. Agachamento com pernas separadas — 136
6. Levantamento terra, pernas estendidas — 138
7. Levantamento terra, pernas separadas — 140
8. Alongamento do quadríceps e dos adutores — 142

Agradecimentos — 144

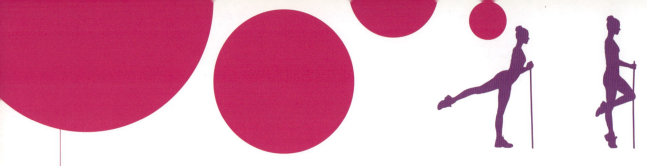

Retorno ao condicionamento

Não inicie o trabalho de musculação sem realizar uma preparação prévia. Antes de qualquer coisa, acostume seu organismo a retomar uma atividade. Aqui estão algumas noções físicas essenciais que devem ser conhecidas antes de se começar o treinamento de boa forma.

As sessões de retorno ao condicionamento são destinadas à avaliação do nível e das possibilidades de uma pessoa que deseja começar ou retomar uma atividade física. Cinco testes de movimento são suficientes para conhecer de imediato seu estado geral: tonicidade muscular, relaxamento, força das mãos, abdominais e flexibilidade. A partir desses resultados, calcula-se o peso máximo recomendável a fim de definir um programa nutricional e um programa de ginástica adaptados às necessidades específicas do aluno. Não é possível recondicionar um abdome ou um tríceps de um dia para o outro.

Para não sentir dor nas costas

Mesmo que a atividade física não seja praticada intensamente, com o tempo, a coluna vertebral contrai-se devido ao desgaste natural dos discos e também por não ser mais sustentada pelos músculos dorsais e abdominais.

Regras de ouro para levantar ou carregar algo pesado
- Adotar uma boa posição inicial, ou seja, com as costas bem retas.
- Contrair os músculos do abdome e do tórax.
- Utilizar ao máximo os músculos flexores das pernas.
- Aproximar os objetos do corpo antes de levantá-los.
- Dividir a carga em duas, se for possível.

Diferença entre "barriga para dentro" e "contrair a barriga"

A contração abdominal é uma compressão das fibras

Antes de abordar este exercício, quero chamar atenção para uma confusão bastante comum nos manuais de ginástica e, é claro, por parte das pessoas que treino. É preciso não confundir "barriga para dentro" e "contrair a barriga". Quando têm de vestir uma calça justa, as mulheres colocam a "barriga para dentro" puxando as fibras abdominais para o alto, sem tonificação específica. Por outro lado, a contração abdominal é uma compressão das fibras que possibilita reforçar e tonificar essa parte do corpo.
Não se esqueça de que toda nossa força vem do abdome e que essa contração estabiliza o organismo, dando-lhe apoio e potência. Se fizer abdominais com a "barriga para dentro", você não conseguirá fortalecer nenhum músculo!

Tussa ou ria várias vezes, colocando a mão sobre a barriga

Isso lhe permitirá sentir a contração dos abdominais. Mantenha a posição sem bloquear a respiração. Por meio desse teste você conseguirá distinguir claramente as duas posições. São esses os músculos que devem trabalhar. A contração da parede abdominal é um verdadeiro trabalho de reeducação que demanda um certo tempo antes de se tornar automático.

Prevenção de lesões de discos nas costas

Para proteger a coluna vertebral, mantendo-a em bom estado pelo máximo de tempo possível, as pressões exercidas sobre as vértebras e os discos intervertebrais, especialmente sobre os discos lombares, devem ser divididas de modo ideal durante o esforço de levantamento e reduzidas ao se carregar ou transportar pesos.

Os dois tipos de esforço

O esforço dinâmico

Este esforço corresponde ao encaixe da base do quadril (ou da coluna) para levantar um peso até a altura desejada. A coluna se comporta como uma grua com uma alavanca rígida e um ponto de apoio resistente. No caso da coluna vertebral, o ponto de apoio é formado automaticamente pelos discos intervertebrais situados entre a quinta vértebra lombar e o sacro. As pressões exercidas a esse nível variam em função do peso a ser levantado. Portanto, convém levantar o peso de tal forma que o esforço sobre esse disco intervertebral seja o mínimo possível. Para que isso ocorra, é indispensável abaixar-se flexionando os joelhos a fim de limitar a flexão da coluna vertebral para frente. A posição das costas é determinante: se as costas estiverem arredondadas haverá uma forte pressão sobre a borda do disco lombar e haverá o risco de lesionar essa parte do corpo. Se as costas estiverem retas, a pressão será dividida por toda a superfície do disco.

O esforço estático

Corresponde ao peso da carga mantida imóvel, com os músculos contraídos, sem movimento das fibras musculares. Com o corpo estável, a coluna vertebral comporta-se como uma alavanca. Quanto mais aproximarmos a carga do corpo, menos pressão será exercida sobre a base do quadril.

Não negligencie esse período essencial da recuperação da boa forma

Durante todo o período de recondicionamento, que pode variar de um mês a um mês e meio, retomo com regularidade os cinco movimentos de teste. Pouco a pouco, conforme a capacidade de cada pessoa, alongo as séries de movimentos e adiciono alguns acessórios, como elásticos ou pesos (1,5 kg) a fim de aumentar a tonicidade muscular. Mesmo que os programas que proponho para o início dos exercícios pareçam repetitivos, eles prepararão a pessoa de modo muito eficaz para um programa de exercícios regulares que poderão ser adaptados conforme a sua vontade.

O que é uma série?

Os exercícios que você irá praticar são executados uma vez ou várias vezes seguidas, com um número exato de movimentos a cada vez.
É a essa repetição de exercícios que chamamos série. Certamente, você fará cada uma delas em função de seu nível de treinamento.

Exemplo:
Três séries de 5 significa que você repetirá 5 vezes seguidas o movimento indicado (por exemplo, dobrar os joelhos) e depois de terminar, você repetirá essa sequência mais 2 vezes.

Tempo de repouso
É muito importante que entre as séries haja um tempo de repouso de alguns segundos a fim de fazer uma pausa de respiração.

Regularidade
Com certeza, a regularidade é a primeira condição para obter êxito em seu programa de boa forma. O ideal é praticar os exercícios 3 vezes por semana (2 vezes por semana é o mínimo), se possível sempre no mesmo dia e no mesmo horário, de modo a estabelecer um "hábito". Não esqueça de variar os exercícios para evitar o cansaço.

Material básico
1 par de halteres de 1 a 3 kg segundo sua capacidade
1 par de pesos de 1 a 2 kg
1 bastão
1 faixa de borracha
1 colchonete
1 banco de musculação
1 barra com suporte de barra

Níveis de treinamento

Iniciante
Estes exercícios são dirigidos a todas as mulheres que deixaram de praticar esportes há alguns anos ou que nunca praticaram. Antes de começar a se exercitar, consulte seu médico. Só ele pode diagnosticar possíveis problemas articulares, musculares ou cardiovasculares.
Se for possível, consulte um profissional (professor de ginástica ou *personal trainer*) para obter uma avaliação da capacidade muscular que lhe permita definir um programa progressivo em função dos resultados que você quer obter.

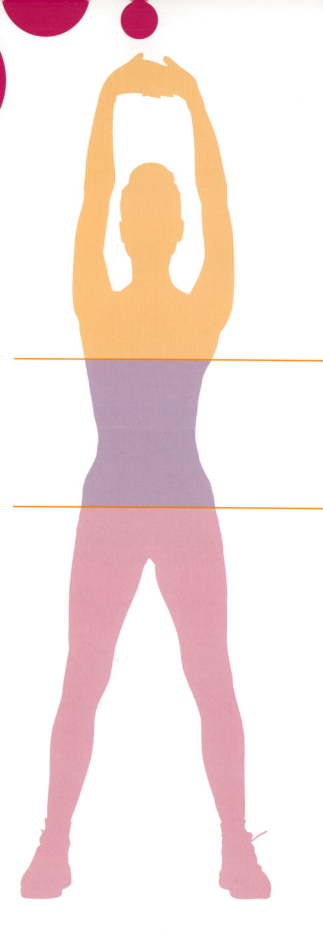

Programa de boa forma iniciante

PEITO
- ❶ *Pull-over* com haltere — 1 série de 12 — 48

OMBROS
- ❻ Alongamento dos deltoides — 2 vezes 20 segundos — 64

ABDOMINAIS
- ❸ Extensão das pernas, alternadas — 2 séries de 10 — 74
- ❻ Elevação dos joelhos sentada sobre um banco — 2 séries de 10 — 80

CINTURA
- ❶ Alongamento com bastão ou halteres — 2 séries de 10 — 84

GLÚTEOS
- ❻ Elevação da pelve com os pés no banco — 2 séries de 12 — 110
- ⓬ Alongamento dos glúteos — 1 vez 20 segundos — 122

As iniciantes devem começar por exercícios que não sejam difíceis demais, com séries de, no máximo, 10 repetições. Qual é o objetivo? Não traumatizar o corpo, recuperar um pouco de flexibilidade e solicitar todos os músculos sem forçá-los demais.

Intermediário

Estes exercícios destinam-se a todas as mulheres que praticam esporte de 1 a 2 vezes por semana, mas de modo irregular. Os conselhos de um profissional não devem ser negligenciados. Ele a ajudará a visar exercícios que melhorem sua tonicidade muscular e sua silhueta. Do mesmo modo, ele saberá lembrá-la das regras de uma boa alimentação e, mais exatamente, as regras que devem ser seguidas em relação ao esforço físico.

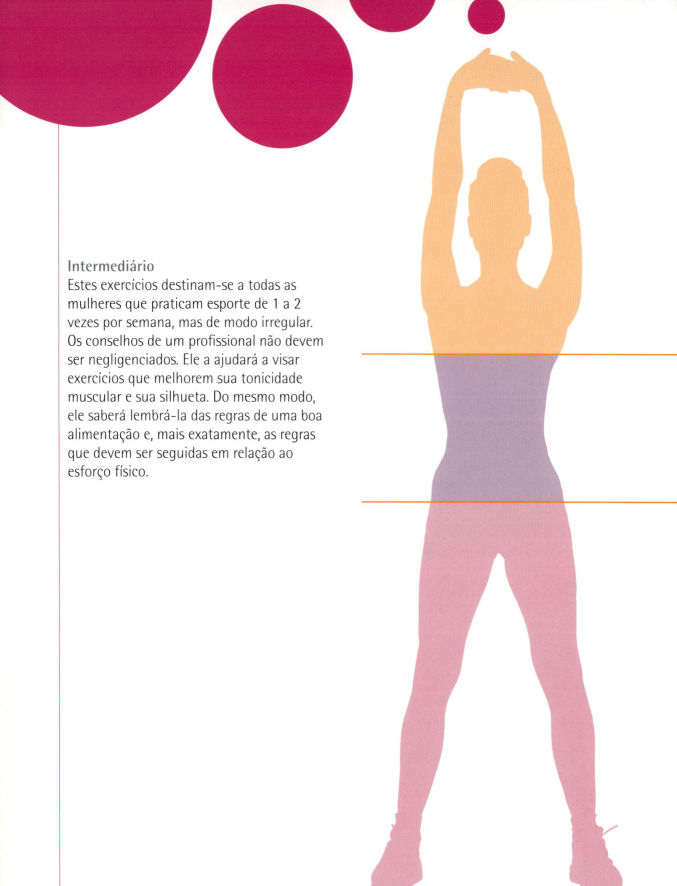

Programa de boa forma intermediário

BRAÇOS
❶ Extensão do antebraço com haltere	3 séries de 15	36
❻ Flexões de braços	3 séries de 12	44

PEITO
❶ *Pull-over* com haltere	3 séries de 15	48

ABDOMINAIS
❻ Elevação dos joelhos sentada sobre um banco	3 séries de 20	80

GLÚTEOS
❼ Elevação lateral da coxa	3 séries de 15	112
⓬ Alongamento dos glúteos	3 vezes 20 segundos	122

COXAS
❶ Agachamento	2 séries de 12	128
❽ Alongamento do quadríceps e dos adutores	3 vezes 20 segundos	142

Quem já está habituada a alguma atividade esportiva pode se permitir encadear os exercícios em séries um pouco mais longas e variá-los a fim de solicitar o conjunto dos músculos do corpo.

Avançado
Estes exercícios dirigem-se a todas as mulheres que praticam esportes com regularidade, de 2 a 3 vezes por semana. A ajuda de um especialista será útil, sobretudo no nível cardiovascular e também para visar especificamente as zonas a serem trabalhadas.

Programa de boa forma avançado

BRAÇOS
5 Flexão dos antebraços com halteres	3 séries de 15	42
6 Flexões de braços	4 séries de 20	44

PEITO
1 *Pull-over* com haltere	4 séries de 15	48
3 Supino	4 séries de 15	50

OMBROS
3 Desenvolvimento pela frente com barra	4 séries de 10	58
7 Alongamento dos deltoides	2 vezes 30 segundos	66

ABDOMINAIS
2 Abdominal no banco	3 séries de 30	72
5 Elevação do quadril	4 séries de 30	78
6 Elevação dos joelhos sentada sobre um banco	4 séries de 30	80

COXAS
1 Agachamento	4 séries de 12	128
6 Levantamento terra, pernas estendidas	4 séries de 15	138
8 Alongamento do quadríceps e dos adutores	2 vezes 30 segundos	142

Para as mulheres que praticam uma atividade esportiva regular, esses exercícios proporcionarão flexibilidade e bem-estar, ao mesmo tempo em que esculpem e afinam o corpo.

Respiração, o elemento fundamental do esforço físico e do relaxamento

Nós não usamos toda a nossa capacidade respiratória, muito pelo contrário. Basta fazer alguns exercícios de inspiração e de expiração profundas para perceber o quanto respiramos mal. Aprender a dominar a respiração e a oxigenar adequadamente o organismo torna possível não apenas controlar com mais facilidade a mente e lidar com as emoções, mas também praticar o esforço físico de modo correto e eficaz.

> Respirar bem na vida, respirar bem no esforço

Uma respiração eficaz
Em um primeiro momento, é preciso conscientizar-se de sua respiração: ela é rápida ou calma? É profunda ou superficial? Você respira pela boca ou pelo nariz? Depois, treine-se para corrigir o fluxo do ar, de modo a obter uma respiração eficaz, isto é, calma, profunda e a partir do abdome.

Inspiração e expiração
Muitas pessoas que iniciam uma atividade esportiva cometem o erro de bloquear a respiração para realizar esforços. Deve-se fazer exatamente o contrário: é preciso inspirar durante o esforço para oxigenar bem o músculo e, depois, expirar ao empurrar, levantar ou tracionar.
Do mesmo modo, se você precisar levantar um peso, inspire antes de pegá-lo, prenda a respiração e expire ao realizar o esforço. Observe os atletas que lançam o disco ou o martelo: eles inspiram, aspiram o oxigênio ao levar o peso em sua direção e, depois, expiram ao impulsioná-lo graças à concentração de oxigênio e à contração muscular.

Respire profundamente, mas encontre um ritmo natural
Qualquer que seja a atividade física que você pratique, é absolutamente indispensável inspirar e expirar sem trancos. Essa lição é a primeira que dou a meus alunos: saber como e com o que respiramos para otimizar todos os movimentos de ginástica. De fato, o efeito dos movimentos será menor se forem realizados com uma respiração anárquica e descontrolada.

A respiração bloqueada

- Ao encher o peito com uma inspiração profunda e bloquear a respiração, enchemos os pulmões como se fossem um balão, o que deixa a caixa torácica rígida e impede que o alto do peito incline-se para frente.
- Ao contrair o conjunto dos músculos abdominais, deixamos o abdome rígido, aumentando a pressão intra-abdominal, o que impede o peito de se curvar para frente.
- Por fim, ao arquear a parte inferior das costas com uma contração dos músculos lombares, fazemos uma extensão da parte inferior da coluna vertebral. Essas três ações simultâneas, que chamamos de "bloqueio", têm a função de evitar o arredondamento das costas, ou a flexão vertebral, posição que, com cargas pesadas, predispõe ao aparecimento da famosa hérnia de disco.

O processo fisiológico da respiração

Pulmões, os principais órgãos da respiração externa

Eles levam oxigênio ao sangue e são o local das trocas gasosas entre o ar e o sangue. Sua função é fornecer oxigênio suficiente para o conjunto dos processos vitais e eliminar os produtos da degradação do metabolismo, como o dióxido de carbono. O organismo regula seu débito respiratório em função de suas necessidades. Quanto maior o esforço, mais o organismo aumenta o débito respiratório. Durante um exercício de baixa intensidade, a respiração aumenta progressivamente e se estabiliza. Durante um exercício intenso, a respiração aumenta mais rapidamente e o mesmo ocorre com o débito ventilatório. A ventilação torna possível regular o ritmo cardíaco em função de um trabalho intenso ou de um trabalho de fundo.

O débito ventilatório

Ele representa o volume de ar ventilado por minuto: para um adulto em repouso, é avaliado em 8 litros por minuto. Durante um exercício aeróbio, isto é, de grande intensidade, o débito ventilatório pode chegar a 80 ou 100 litros por minuto e em um trabalho de fundo, como uma maratona, pode atingir 150 litros por minuto!

Ventilação pulmonar

Ela é controlada pelos centros respiratórios situados no cérebro. Durante o exercício físico, a respiração aumenta para garantir o suprimento das necessidades de energia das células musculares. Acontecem duas respirações bem diferentes: a respiração ativa (inspiração pelo nariz) e a respiração passiva (expiração pela boca).
A mobilização do ar no organismo é possibilitada pela ação dos músculos respiratórios e dos pulmões. A inspiração é um fenômeno ativo produzido essencialmente pelo diafragma, o músculo que separa o tórax do abdome. Os músculos elevadores das costelas e os músculos intercostais contraem-se e o diafragma se abaixa, o que aumenta o volume da caixa torácica. Ligados a ela pela pleura, os pulmões seguem o mesmo movimento de amplitude. Saiba que, em uma inspiração normal, o equivalente a meio litro de ar penetra em seus pulmões e três vezes mais do que isso quando você efetua uma respiração profunda. A expiração é um fenômeno passivo que permite o relaxamento dos músculos elevadores e dos músculos intercostais. O diafragma sobe novamente e os pulmões retomam seu volume inicial.

Uma respiração calma e profunda

Esse tipo de respiração não só ventila todos os órgãos e permite eliminar o gás carbônico, mas também favorece a massagem dos órgãos internos: na verdade, quando você inspira e o diafragma se contrai, ele exerce uma pressão delicada sobre o fígado, o estômago e os intestinos. Do mesmo modo, na expiração, ele se retrai e massageia suavemente o coração. Evidentemente, esses benefícios só são sentidos pelas pessoas que respiram profundamente: a grande maioria das pessoas tem uma respiração superficial que mobiliza apenas a parte superior dos pulmões, na qual o diafragma raramente é solicitado e permanece praticamente imóvel.

Respiração nasal e respiração bucal

Em repouso, o homem saudável respira naturalmente pelo nariz. O ar é assim reaquecido, umidificado e limpo. Quando ocorre um exercício intenso, a respiração bucal impõe-se a fim de oxigenar mais profundamente os tecidos fibrosos e musculares (o ar inspirado em contato direto com a mucosa bucal também participa do resfriamento da temperatura do organismo em atividade). Durante os primeiros minutos de um exercício bastante intenso, a inadequação entre as necessidades e a oferta de oxigênio no nível dos músculos ativos pode provocar uma forte dispneia associada a uma sensação de angústia. Esse desequilíbrio respiratório desaparece progressivamente com a continuidade do exercício.

A ventilação

A ventilação do organismo é realizada pelas vias aéreas (nariz, boca, faringe – cuja função é filtrar o ar inspirado) e pelos pulmões. Durante um exercício, a ventilação pode aumentar de 10 a 20 vezes a fim de ofertar o oxigênio suplementar que o organismo necessita e de eliminar o gás carbônico produzido.

Estes exercícios, como todos os exercícios respiratórios, devem ser feitos com calma, em um local arejado, durante alguns minutos. Pratique o relaxamento com regularidade: você perceberá rapidamente os resultados benéficos para sua vitalidade física e mental. Respirar é aprender a se conhecer profundamente, é escutar a si mesma, dinamizar-se, purificar seu corpo e aquietar seu espírito.

Para relaxar ou ajudar a afastar o estresse

O exercício respiratório a seguir é um dos mais eficazes que conheço para lhe dar a vitalidade e o dinamismo necessários para um bom início de dia. Ele também tem a vantagem de poder ser praticado sentada em uma cadeira firme, em uma poltrona ou em um sofá. Sua caixa torácica e seu diafragma devem estar livres e sem nada que os prenda.

Um relaxamento absoluto

Aqui está um exercício respiratório que você deve praticar em casa, em um momento de calma, pois ele precisa ser feito em posição deitada... e que a relaxará de tal modo que você gostará de estar em um local familiar!

Instale-se em um cômodo em que tenha certeza de que não será interrompida, esvazie a mente das preocupações do momento e coloque-se em posição.

Se não conseguir dominar sua respiração, concentre-se no abdome, visualizando os dois sentidos do fluxo de ar: de cima para baixo e de baixo para cima.

Respire em seu próprio ritmo, mas à medida que dominar esse exercício, tente equilibrar a duração da inspiração e da expiração.

Respiração alternada

Respiração profunda

- Feche os olhos, coloque uma mão sobre o abdome e a outra sobre o peito para perceber melhor o movimento respiratório durante o exercício.
- Inspire lentamente pelo nariz, enchendo primeiro o abdome; continue a inspirar levando o ar para o peito, sem esvaziar o abdome.
- Retenha o ar por 1 ou 2 segundos e depois expire lentamente, relaxando bem os ombros.

Se você não teve tempo para fazer esse exercício de manhã, faça-o no trabalho quando tiver um momento de calma. De modo geral, os meios de transporte são barulhentos demais e insuficientemente ventilados para realizar qualquer tipo de respiração profunda. Trata-se de um exercício de respiração alternada.

- Deitada de costas, com as pernas flexionadas e os pés apoiados, coloque as palmas das mãos sobre o estômago, sem pressionar.
- Feche os olhos. Respire normalmente. Antes de começar o exercício, faça uma expiração profunda para expelir o ar dos pulmões.
- Inspiração: imagine que seu abdome é um saco de papel vazio: você vai inspirar da caixa torácica para baixo, inflando o abdome para fazer entrar o ar em seu interior.
- Retenha a respiração por 3 a 5 segundos, naturalmente, sem que isso seja restritivo.
- Expiração: desinfle a parede abdominal e, com um movimento de baixo para cima, faça sair o ar pelas narinas, suavemente, sem trancos. Seu abdome esvazia-se.

Esporte e prevenção de riscos cardiovasculares

É importante saber que os riscos cardiovasculares aumentam com o envelhecimento, tanto para o homem quanto para a mulher. Por esse motivo, o exercício físico transformou-se em uma verdadeira receita por parte dos cardiologistas. Quanto mais exercícios você praticar com regularidade, mais diminuirão seus riscos de ser vítima de um acidente cardiovascular.

Além disso, como o coração é o motor do corpo, não será possível realizar esforços físicos a longo prazo se seu coração estiver fraco ou em mau estado. Inversamente, um corpo bem treinado será a garantia de maior resistência e melhor recuperação cardiovascular. Por essa razão, se você não pratica esporte há muito tempo, convém retomar essa prática gradualmente e sob a supervisão de um médico.

Enfim, os gastos energéticos proporcionais aos esforços realizados serão otimizados se você souber gerá-los em relação a sua capacidade cardiovascular, ou seja, em relação a seu ritmo cardíaco adequado.

Para medir sua frequência cardíaca em repouso, basta tomar o pulso e contar quantas pulsações seu coração faz em um minuto: em média, para as pessoas com pouco treino físico, a frequência cardíaca é de 70 pulsações por minuto. Para verificar, em seguida, sua capacidade de recuperação, você poderá fazer 20 flexões de pernas (descendo o mais baixo possível a cada vez) em 45 segundos e medir novamente sua frequência cardíaca após um minuto de repouso (sem se sentar). Quanto mais rápido seu pulso voltar à velocidade normal, melhor será sua capacidade de recuperação. Se você não pratica esportes há bastante tempo, seu médico provavelmente fará esse tipo de teste antes de autorizá-la a voltar aos exercícios.

Depois de realizar essa tipo de avaliação, acompanhe tanto quanto possível sua frequência cardíaca durante o esforço (você pode, por exemplo, comprar um monitor de frequência cardíaca em uma loja de equipamentos esportivos). Pois, embora o esporte seja benéfico de qualquer maneira e leve ao consumo de calorias, a taxa de queima de gorduras depende do esforço realizado pelo coração.

Para saber qual a melhor frequência para trabalhar, calcule sua frequência cardíaca máxima. É muito simples: as mulheres devem fazer a seguinte subtração: 226 – sua idade. Se ao praticar esporte sua frequência cardíaca situar-se entre 80 e 100% da frequência cardíaca máxima, você estará trabalhando de modo "anaeróbio", ou seja, seus músculos não estarão sendo oxigenados. Mas eles precisam de oxigênio para queimar gorduras. Portanto, é melhor trabalhar de modo "aeróbio", isto é, entre 70 e 80% de sua frequência cardíaca máxima (por exemplo, se você tem 35 anos, trabalhe a 70% de 226-35=191, ou seja, 134 pulsações por minuto).

Alongamento

O alongamento é uma forma de ginástica suave que tem o objetivo de alongar e flexibilizar todo o corpo.
Apesar de sua aparente simplicidade, os gestos de alongamento são relativamente complexos e devem ser executados de modo rigoroso para evitar lesões e acidentes, especialmente no nível dos tendões.

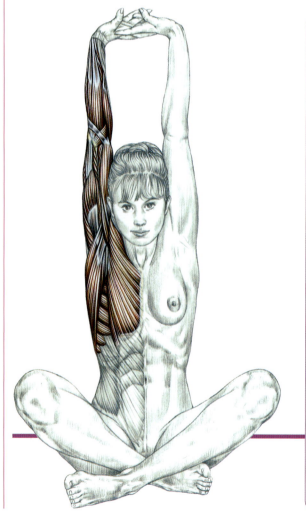

Flexibilidade, relaxamento e respiração

Todos os exercícios são feitos com suavidade

Por exemplo, quando você inclina o tronco para frente para tocar o solo com os dedos, de nada vale forçá-lo; seria melhor permanecer imóvel, inclinada, concentrando-se na posição e realizando séries de expiração progressivas, tentando ir um pouco mais longe a cada expiração.

É a respiração que comanda o gesto e tudo deve ser realizado de modo suave e gradual. Se você se concentrar na respiração, perceberá muito depressa que as tensões musculares relaxam-se de imediato (músculos da nuca, dos ombros, das costas e dos membros inferiores). Você também perceberá que pode alcançar um grau de extensão surpreendente desde que respeite seu ritmo.

Os benefícios do alongamento

Os exercícios de alongamento têm uma ação preventiva: eles favorecem a redução das tensões emocionais que, com frequência, dão origem a acidentes e, por essa razão, tais exercícios constituem um ótimo aquecimento.

O alongamento melhora a extensibilidade muscular, o que aumenta o desempenho físico do esportista. Um músculo que trabalha torna-se mais curto, mas o alongamento permitirá que ele retome o comprimento inicial e a velocidade de contração. Para ser eficaz, uma sessão de alongamento deve basear-se nos seis princípios a seguir:

1 Relaxamento
Deve ser realizado antes de todas as sessões, pois permite a redução das tensões musculares. Existe uma relação de influência recíproca entre a mente e o corpo; todas as tensões psíquicas (todo tipo de estresse) ficam gravadas nos músculos. O objetivo dessa fase de relaxamento é, portanto, permitir que se obtenha um relaxamento muscular a fim de facilitar o alongamento. Adote a posição em que se sente melhor, sentada ou deitada, feche os olhos e leve a atenção para a respiração.

2 Intensidade
A extensão do músculo deve ser de intensidade moderada. Pare no momento em que perceber uma sensação de extensão forçada. Você nunca deve ir até o ponto de sentir dor.

3 Progressividade
O alongamento muscular deve ser progressivo e realizado em etapas sucessivas. Efetue o movimento suavemente e continue até perceber uma sensação de alongamento. Nesse momento, estabilize sua posição, inspirando e expirando suavemente. A sensação de alongamento deve desaparecer aos poucos. Quando isso acontecer, continue o movimento, até chegar a um estado em que não possa nem neutralizar nem reduzir a sensação de extensão. Mantenha a posição por cerca de 15 segundos e volte lentamente à posição inicial.

4 Duração
Não existe uma duração absoluta: um exercício é composto por 2 ou 3 etapas necessárias para se obter o alongamento máximo. O tempo necessário para cada etapa depende de fatores individuais.

5 Concentração
Se você não der atenção a suas sensações, ou seja, às informações que os músculos lhe fornecem, você não poderá dominar um exercício de alongamento e, desta forma, usufruir de todos os seus benefícios.

6 Respiração
Deve ser o mais natural possível durante o exercício. Entretanto, dê atenção especial à expiração, isto é, a cada expiração tente reduzir um pouco mais o estado de tensão muscular.

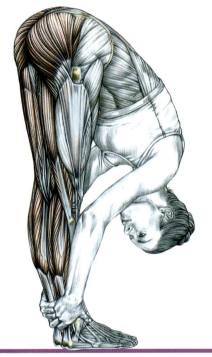

Onde e como praticar alongamento?

Para praticar o alongamento nas melhores condições, escolha um local calmo e, se possível, coloque uma música suave. É importante que você esteja relaxada e concentrada em si mesma e em sua respiração. Evite, por exemplo, ver televisão ou ouvir rádio.

Vista-se com roupas largas, de preferência de lã para manter os músculos aquecidos, ou ainda com roupas colantes, desde que sejam de material extensível e não atrapalhem seus movimentos. Fique descalça, pois isso lhe permitirá controlar melhor seus gestos e as articulações de seus tornozelos.

O tipo de piso não tem a menor importância: você pode realizar o alongamento sobre assoalho, sobre carpete, tapete ou mesmo no jardim. Se possível, deixe a janela aberta, pois os exercícios de respiração têm um papel primordial no alongamento e é necessário ter ar fresco e renovado.

Relaxamento: a respiração de base

- Feche os olhos, coloque uma mão sobre o abdome e a outra sobre o peito para perceber melhor o movimento respiratório durante o exercício.
- Inspire lentamente pelo nariz, enchendo primeiro o abdome, continue inspirando, levando o ar para o peito, sem esvaziar o abdome.
- Retenha o ar por 1 ou 2 segundos e, depois, expire lentamente, relaxando bem os ombros.

Ritmo de frequência
- Inspiração: 2 a 3 segundos
- Retenção: 1 segundo
- Expiração: 4 a 6 segundos
- Relaxamento: 1 a 2 segundos

Repita o exercício diversas vezes, deixando que sua respiração assuma um ritmo calmo e regular. Interiorize completamente essa sensação de relaxamento e, depois, volte suavemente à realidade.

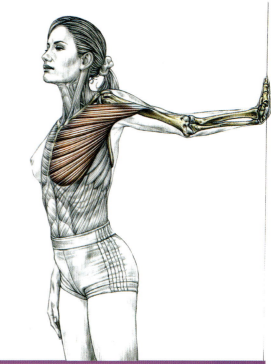

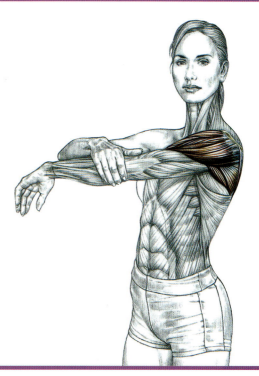

Alimentação saudável e equilibrada

A boa alimentação é a base do bem-estar. Ela pode ser resumida na frase "comer de tudo um pouco", mas não é tão simples assim. Para evitar os regimes excessivamente rigorosos, que perturbam o organismo e desregulam o metabolismo, é preciso ouvir seu corpo e suas necessidades e aprender a se nutrir de forma adequada à sua idade e às suas atividades.

alimentação e suas refeições, limitando, por exemplo, o consumo de alguns alimentos gordurosos e de difícil digestão, sobretudo à noite.

Repense sua alimentação e suas refeições

Lembre-se que ao envelhecer o organismo não reage mais do mesmo modo e que a boa alimentação que era recomendada deverá ser acompanhada por um pouco de exercício físico, uma condição essencial para que seu corpo continue magro e firme durante o máximo de tempo possível. Na verdade, a partir dos 30 anos, o metabolismo sofre uma transformação que modifica a digestão, especialmente no caso das mulheres. As células secretam menos sucos digestivos que realizam a digestão e a assimilação dos alimentos passa a ser mais lenta e menos fácil. Portanto, será preciso repensar sua

Ervas frescas e temperos

Não se pode dizer atualmente que uma nutrição equilibrada e pobre em gorduras seja necessariamente pouco saborosa. Cabe a você cozinhar de modo diferente. Examine as bancas de legumes do supermercado em que faz compras: elas transbordam com os aromas de manjericão fresco, salsinha, tomilho e cebolinha. Isso para não falar dos temperos em conserva ou congelados. Basta salpicá-los generosamente no arroz, tomates, peixes e verduras para perceber que a maionese (100 g = 710 calorias) e o creme de leite (100 g = 900 calorias) não são indispensáveis a uma boa refeição!

Café da manhã

Oitenta por cento das calorias ingeridas durante a manhã são queimadas durante o dia

Desde que pratico esporte diariamente, dou atenção especial a essa primeira refeição. Sabendo que o fornecimento de energia da manhã é o mais importante do dia, é essencial ingerir magnésio, vitaminas e açúcares de absorção lenta.

Meu café da manhã habitual começa com uma grande tigela de cereais com leite e mel, seguida por duas fatias de pão e três biscoitos, consumidos com manteiga light (manteiga: 10 g = 75 calorias; manteiga light: 10 g = 40 calorias). Não se prive de comer duas fatias de pão de manhã: o pão não engorda e, por outro lado, os açúcares de absorção lenta e o amido que ele contém são essenciais ao organismo. Termino com 1 ou 2 iogurtes integrais, uma xícara de café preto sem açúcar, por motivos de gosto pessoal e não dietéticos. Por fim, um suco de frutas frescas, uma laranja ou uma toranja são refrescantes e tônicos que me estimulam e me ajudam a me planejar melhor. Insisto em relação aos iogurtes ou ao queijo fresco, pois, mesmo sem exercícios físicos, o corpo perde cálcio no decorrer de poucas horas. É para evitar essa carência que consumo laticínios de manhã, ao meio-dia e, às vezes, à noite. Embora o iogurte integral e o iogurte desnatado tenham fontes calóricas diferentes (iogurte desnatado: 125 g = 50 calorias; iogurte integral: 125 g = 80 calorias), seu conteúdo de cálcio é igual.

Pense em uma "barra energética" às 11 horas
Apesar desse café da manhã reforçado, às vezes necessito de um lanche leve no final da manhã. Sempre trago comigo uma ou duas barras energéticas que contenham fósforo, cálcio e potássio.

Almoço e jantar

Peixe é melhor do que carne
Minha alimentação diurna é composta essencialmente por peixe, legumes e laticínios. Nunca como carne, mais por gosto do que por ética pessoal. A carne, que não chego a desaconselhar, não é indispensável a uma alimentação equilibrada. Os gregos, por exemplo, comem pouca carne e se alimentam essencialmente de legumes e frutas frescas, peixes grelhados e temperam tudo com um fio de azeite de oliva... e um pouco de vinho! Essa nutrição rica em fibras alimentares, oligoelementos e vitaminas protege-os das doenças cardiovasculares, do câncer e da obesidade!

Prefira os legumes frescos
Começo meu almoço com um prato de vegetais crus pouco ácidos e pouco temperados (molho vinagrete normal: 100 g = 600 calorias; molho vinagrete light: 100 g = 300 calorias). Alterno cenouras, rabanetes ou tomates com vegetais mais suaves, como saladas de folhas, vagens, brócolis (100 g = 26 calorias) ou repolho. Depois, como um peixe e um alimento rico em amido (arroz, batatas, lentilhas ou massas).
Nunca como alimentos cozidos na manteiga, fritos em óleo, nem molhos à base de creme de leite. Tempero meus pratos com um pouco de azeite, suco de limão e todas as ervas que dão aroma e sabor aos pratos mais austeros.

Nada de açúcares de absorção rápida!
Termino meu almoço com um pedaço de queijo, sem pão e com um iogurte. Deixei de comer doces; não que o consumo sem exagero de bolos seja nocivo a um bom equilíbrio alimentar, mas a maioria deles contém açúcar demais para meu gosto (um pedaço de torta de maçã = 200 calorias; uma bomba = 338 calorias). Se você passar a cultivar o hábito de não adoçar iogurtes, café e chá, verá que pouco a pouco começará a apreciar o verdadeiro sabor desses alimentos e não terá como voltar atrás. Esse é um bom hábito alimentar que logo não exigirá nenhum esforço. Invente outros bons hábitos.

Consuma açúcares de absorção lenta
Eu me levanto às 6 horas da manhã e nunca deito antes da meia-noite e meia. Para poder praticar esporte e ministrar cursos sem me fatigar, devo consumir açúcares de absorção lenta e alimentos ricos em amido que me forneçam bastante energia. Tenho tempo até a noite de assimilá-los e digeri-los. Os alimentos ricos em amido, como todos os açúcares de absorção lenta, acumulam e renovam as reservas de glicogênio muscular que é usado em caso de grande dispêndio de energia. Consumidos ao natural, eles não engordam (100 g de massas comuns *in natura* = 110 calorias; 100 g de queijo parmesão = 380 calorias).

O melhor sabor: frutas cruas
Durante a tarde, como uma ou duas frutas semiácidas, isto é, sem ácidos graxos, evitando as uvas, que têm açúcar em demasia, e a banana, que é excessivamente calórica. Apesar disso, essa fruta constitui uma excelente fonte de energia em caso de cãibras ou dormências. Com elevado conteúdo de vitamina C e betacaroteno, muito ricas em fibras e em sais minerais, as frutas cruas auxiliam o trânsito intestinal e assim participam da eliminação das toxinas que poderiam dificultar a perda de peso.

Porções calóricas necessárias diariamente

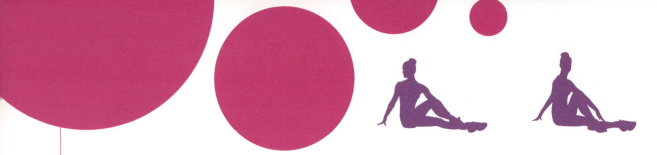

Benefícios da água

Verdadeiro tesouro de saúde, a água é indispensável para o nosso equilíbrio e seus benefícios são múltiplos. Ela garante o transporte dos nutrientes absorvidos pelo organismo, a eliminação dos dejetos na urina e auxilia no fornecimento de energia de oligoelementos. Ajuda também a combater o excesso de peso, lutar contra o estresse, o excesso de trabalho e a fadiga.

> Algumas regras
> para uma boa hidratação

Hidrate-se bem todos os dias
Como não é possível compensar no dia seguinte a água que não foi bebida no dia anterior, seu organismo sofrerá uma carência. Um exemplo: para realizar o trabalho de filtragem dos dejetos corporais, os rins necessitam de água suficiente e, em caso de carência, o fígado processará as gorduras mais lentamente, o que causará aumento de peso.

É inútil beber dois ou três litros de água...
pois o corpo não requer tanto para os esforços que realiza. Nesse caso, a água passa diretamente para a urina, sem cumprir seu papel de purificar o organismo. Com frequência, dou dois conselhos a meus alunos: na medida do possível, não beba diretamente da garrafa, mas use um copo. Ao beber da garrafa, você não percebe a quantidade de líquido ingerida. Como a boca da garrafa é menos larga do que a do copo, você toma dois ou três goles e pára. Assim, você acabará bebendo menos do que pensa, enquanto terá a tendência de sempre esvaziar o copo!

Evite beber gelados
A água à temperatura ambiente é melhor do que a água fria demais, que provoca espasmos das mucosas e da camada muscular do estômago. Essa vasoconstrição deteriora o sistema digestivo e altera as funções do estômago.
Por fim, lembre-se que é desaconselhável beber durante as refeições, não porque isso faça engordar, mas simplesmente porque a água aumenta o volume dos alimentos no estômago, provocando problemas de digestão e uma sensação de distensão estomacal.

> **Com o envelhecimento, nós nos desidratamos cada vez mais**
>
> A desidratação não só provoca a diminuição do desempenho físico, mas também causa sensação de fadiga por causa da poluição resultante da impossibilidade de o corpo eliminar as toxinas, e também provoca alguma agressividade. A desidratação influi também na pele, que se retrai em caso de carência de água: esse é o primeiro estágio da formação das rugas. Portanto, é essencial beber água regularmente sem esperar o aparecimento da sede.

> Beba bastante água
> depois de um esforço físico

O peso que você elimina durante um exercício sustentado resulta da perda de líquido. Assim, depois de uma sessão de prática esportiva, beba vários copos de água mineral. Saiba que o mecanismo da sede só é ativado quando o corpo já perdeu o equivalente a 2% de seu peso em água e a sensação de uma leve sede já indica um início de desidratação.

As águas minerais

Cada água tem funções diferentes. Todas contêm, em diferentes quantidades, magnésio, fósforo e outros elementos, mas algumas são especialmente indicadas quando se está fatigado ou quando se sofre de problemas digestivos. Estas são algumas das que bebo alternadamente, dependendo de minhas necessidades momentâneas.

Hépar: a mais rica em magnésio
Ela intervém na produção de energia durante o esforço, regulariza o sistema nervoso e é muito eficaz contra a fadiga. Os esportistas utilizam-na regularmente para seus problemas de cãibras e de contraturas. Por outro lado, por ser excepcionalmente rica em magnésio, ela é desaconselhada aos bebês e aos doentes com problemas digestivos graves. Seu conteúdo de cálcio também é excepcional.

Vichy Saint-Yorre: a mais rica em potássio e em sódio
Naturalmente borbulhante e re-gaseificada, duas vezes mais do que na fonte, rica em sais minerais e em bicarbonatos, ela favorece a digestão por seu poder antiácido e combate a sensação de peso e de queimação no estômago. Os sais minerais e os oligoelementos favorecem a re-hidratação eficaz e o sódio ajuda a fixar a água nas células. Os bicarbonatos agem inicialmente sobre o sistema digestivo e depois no nível muscular.

Seu papel antiácido intervém na neutralização dos ácidos láticos produzidos pelo trabalho muscular e que estão na origem das cãibras e das dores musculares. Na verdade, após esforços prolongados ou durante esforços curtos, mas intensos, os músculos produzem ácido lático. Se ele não for eliminado rapidamente, esse dejeto orgânico produzirá contrações que tensionarão os músculos. Estes se retraem e perdem a flexibilidade. É por esse motivo que depois de sua sessão de musculação, os atletas fazem muitas vezes alguns movimentos de alongamento a fim de alongar, descongestionar e relaxar as zonas contraídas.

As águas Vittel e Évian
A primeira, rica em sódio e em fósforo, é benéfica para os problemas renais e para os problemas de eliminação de dejetos.
A segunda, rica em cálcio e em magnésio, é recomendada para os problemas de celulite, edemas e problemas renais.

Outras águas minerais
A água de Contrexéville é muito rica em cálcio (451 mg). Vêm em seguida a Badoit (272 mg) e a Perrier (140 mg). Se a água Hépar parecer-lhe conter magnésio em excesso, esse mineral será encontrado em menor quantidade na Badoit (102 mg), na água de Contrexéville (66 mg), na Vittel (35 mg) e na Évian (24 mg).
De modo geral, as águas ricas em cálcio são aconselhadas às mulheres grávidas que desejam amamentar e às crianças, as águas ricas em sódio são excelentes complementos alimentares, enquanto as águas ricas em magnésio auxiliam a diminuir algumas deficiências dos idosos ou de mulheres grávidas.

A respeito das águas de fonte e da água encanada

As águas de fonte contêm também sais minerais, mas em quantidade nitidamente menor do que as águas minerais. Ao contrário destas, elas não suprem nossas necessidades diárias de magnésio, fósforo, sódio e oligoelementos. Contudo, são preferíveis à água encanada. Na verdade, no caso desta última, é preciso saber se foi filtrada, depurada e mesmo assim, embora geralmente seja potável, seu pH infelizmente é nulo. E é exatamente o pH que contribui para desintoxicar o organismo e diminuir o excesso de alcalinidade no sangue. Embora possa ser bebida, desde que não contenha cloro em excesso, ela não possui nenhuma das propriedades das águas de fonte ou das águas minerais.

Sais minerais e oligoelementos

Os sais minerais e os oligoelementos, mesmo em quantidade infinitesimal, são essenciais para o equilíbrio do metabolismo.
Eles intervêm nas reações químicas do organismo e representam apenas 1% da massa do corpo humano.
São encontrados na alimentação e na água mineral. A carência de um único oligoelemento pode colocar em perigo o equilíbrio energético, obrigando seu corpo a utilizar outras fontes de energia. Isso provoca o risco de uma grande fadiga durante o dia, de cãibras ou dormências, ou ainda de queda de pressão.

Fósforo: intervém na formação do esqueleto.

 Metabolismo de carboidratos, proteínas, lipídios; crescimento, reparação e manutenção dos tecidos; produção de energia; agente da contração muscular
 Produtos lácteos, queijo gruyère, gema de ovo, arroz, lentilhas, soja, feijão, amêndoas, nozes Carnes, peixes, aves, ovos, cereais integrais, oleaginosas
⊗ Nenhum conhecido
➡ 1.000 a 3.000 mg/dia

Potássio: regulador da pressão arterial na qual intervém quimicamente entre proteínas e carboidratos. Esse metal, muito comum sob a forma de sal, desempenha um importante papel no equilíbrio eletrolítico do organismo.

 Manutenção de um bom equilíbrio hídrico de cada lado do compartimento celular, crescimento normal, transmissão do impulso nervoso que comanda a contração muscular; participa da conversão da glicose em glicogênio e da síntese das proteínas musculares a partir dos aminoácidos
 Batatas, chocolate, bananas, frutas e legumes
⊗ Problemas cardíacos
➡ De 2,5 a 3,5 mg/dia

Zinco: essencial para o crescimento e o desenvolvimento saudável dos órgãos.

 Excelente para a cicatrização de ferimentos e queimaduras
Regula a atividade das proteínas e dos hormônios
Indispensável para o crescimento, a reprodução e o sistema nervoso
Moluscos e, especialmente, ostras, peixes, legumes secos, verduras, carne de vitela e de peru, germe de trigo, cereais integrais, nozes, avelãs, soja, fígado de vitela e de carneiro; a frutose auxilia sua assimilação
⊗ Em altas doses, observa-se deficiência de cobre e elevação do colesterol no sangue
➡ 10 a 15 mg/dia

 Ações sobre o organismo
 Melhores fontes
⊗ Efeitos secundários e toxicidade
➡ Quantidades recomendadas para um adulto

Cálcio: assegura a solidez dos ossos e dos dentes (no qual é encontrado a 99%)
Também desempenha um papel na permeabilidade das membranas celulares e intervém em várias etapas da coagulação sanguínea. Protege os ligamentos e as articulações e participa da contração do impulso nervoso.

 Constituinte de estruturas corporais, participa do crescimento e da contração musculares e da transmissão do impulso nervoso
 Produtos lácteos (únicas fontes de cálcio assimilável): leite, iogurtes, queijos brancos, queijos em geral e todas as águas minerais
⊗ Calcificação excessiva de alguns tecidos, prisão de ventre, problemas de absorção dos minerais
➡ 1.000 mg/dia

Cromo: garante a estabilidade dos açúcares e das gorduras no metabolismo.
Indispensável ao bom equilíbrio, embora seja necessário consumi-lo em quantidade ínfima, caso contrário haverá o risco de sofrer efeitos tóxicos.

 Garante a normalidade do metabolismo dos açúcares e das gorduras
 Levedo de cerveja, óleo de milho, cereais integrais, fígado e carnes
⊗ Problemas renais e hepáticos
➡ De 2 a 3 mg/dia

Sódio: elemento preponderante no sangue e nos líquidos extracelulares do corpo.
É indispensável para o equilíbrio da água no organismo, bem como para a regulação da pressão arterial.

 Manutenção de um bom equilíbrio hídrico de cada lado do compartimento celular, contração muscular e transmissão do impulso nervoso; permite a solubilização dos outros íons no sangue
 Encontrado em todos os alimentos

⊗ Retenção de água e pressão arterial elevada
 5 mg/dia

Ferro: indispensável para a formação da hemoglobina*. Aumenta o trabalho muscular e age sobre o músculo cardíaco. Favorece também a eliminação das toxinas. A falta de ferro no organismo é percebida pela sensação de fadiga, vertigens ou anemia.

 Transporte de oxigênio para os tecidos para o fornecimento de energia, formação dos glóbulos vermelhos que transportam oxigênio
 Fígado, morcela, ostras, carnes magras, frutos do mar, miúdos, carne de vaca e de cavalo, ovos, verduras, espinafre e salsa, trigo, soja
⊗ Tóxico e oxidante em doses elevadas. Problemas digestivos, efeitos nocivos sobre o fígado, o pâncreas e a atividade cardíaca
➡ 12 mg/dia

* Pigmentos proteicos dos glóbulos vermelhos que transportam o oxigênio no sangue.

Iodo: excelente para a visão e a pele.

 Produção de energia, crescimento e desenvolvimento, metabolismo. Essencial para o equilíbrio da tireoide
 Frutos do mar e cogumelos. O consumo regular de sal marinho iodado é suficiente para suprir nossas necessidades
⊗ Aumento do volume da tireoide
➡ 100 mg/dia

Magnésio: relaxante muscular.
Relaxa os músculos e favorece a passagem do impulso nervoso (feixes filamentares de um conjunto de neurônios que se dirigem para uma mesma região anatômica), revitaliza as células e protege o tecido cardíaco.

 Metabolismo dos carboidratos e das proteínas, contrações neuromusculares
 Grãos, frutos do mar, cacau, frutas secas, algumas águas como a Badoit, a Hépar e a Contrex, cereais integrais, germe de trigo, beterraba, doces, amêndoas, flocos de aveia
⊗ Tóxico em doses elevadas

➡ 400 mg/dia para os homens
350 mg/dia para as mulheres

Cloreto: participa da distribuição de água no organismo.
Participa da secreção do estômago, combinando-se com os íons H$_2$ para formar o ácido clorídrico.

 Permite o controle da pressão que provoca os movimentos de líquidos entre os dois lados das membranas celulares

 Sal de cozinha (cloreto de sódio), farinha de centeio, algas marinhas

⊗ Em caso de consumo excessivo: vômitos; em caso de carência: diarreia, que provoca perda de Cl (cloro) e ocasiona alcalose, vômitos, cãibras musculares e apatia

➡ 3 a 9 g/dia

Flúor: protege de cáries.

 Nenhuma que se conheça

 Águas fluoretadas, sais fluoretados, frutos do mar e peixes, legumes frescos, cereais integrais e dentifrícios (traços)

⊗ Tóxico em doses elevadas, pode causar manchas nos dentes, má-formação óssea, problemas renais

➡ De 1,5 a 4 mg/dia

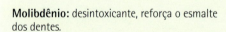

Molibdênio: desintoxicante, reforça o esmalte dos dentes.

 Intervém no metabolismo das gorduras

 Leite, pão, cereais integrais, fígado, grãos

⊗ Diarreia, anemia, desaceleração da velocidade do crescimento. Em excesso, altera a assimilação do cobre e pode provocar crises de gota

➡ 72 a 250 µg/dia

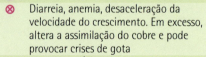

 Ações sobre o organismo

 Melhores fontes

⊗ Efeitos secundários e toxicidade

➡ Quantidades recomendadas para um adulto

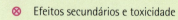

Vitaminas

As vitaminas são indispensáveis para o bom funcionamento de nosso organismo. Elas ativam a transformação dos alimentos e facilitam a utilização da energia.

Vitaminas

Vitamina A : é a vitamina do crescimento. Essencial para a visão, a pele, os cabelos, a solidez dos dentes e dos ossos. Protege de infecções as mucosas dos pulmões, as vias digestivas e as vias urinárias.

Manteiga, leite, queijos, gema de ovo, fígado de vitela, peixes, espinafre, alface, cenoura, damasco, melão e todas as frutas vermelhas
➡ 12 mg/dia

Vitamina E : é a vitamina antirraquitismo e anti-envelhecimento.

Manteiga, óleo de girassol, azeite de oliva, gema de ovo, peixes gordurosos, milho, trigo, nozes, amêndoas, avelãs, pão
➡ 20 mg/dia

Vitamina F : conhecida como ácidos graxos essenciais, dá elasticidade aos tecidos e auxilia o funcionamento intestinal.

Germe de trigo e óleo de girassol
➡ 2 a 6 mg/dia

Vitamina K : é um excelente agente anti-hemorrágico, favorecendo a coagulação sanguínea.

Espinafre, batata, frutas, repolho, tomate, óleos vegetais, fígado, iogurte, gema de ovo
➡ 4 mg/dia

Vitamina PP : é necessária ao bom funcionamento celular.
Age contra os problemas digestivos e a desidratação da pele.

Salmão, tomate, nozes, germe de trigo, vitela
➡ 15 mg/dia

Vitaminas B1 e B3: são as vitaminas do sistema nervoso e das células.
A primeira regula a transformação dos açúcares e das gorduras. A segunda embeleza a pele.
Essas duas vitaminas contribuem para aumentar a resistência às agressões externas ao organismo, como o frio, a fadiga... e o estresse!

B1 Fígado, carne de porco, rabanete, gema de ovo, legumes e frutas secas
B3 Peixes, cereais, ameixa, cogumelos
➡ 1 a 2 mg/dia

Vitamina C : é uma verdadeira panaceia!
Ajuda a combater a fadiga, a regularizar a assimilação do cálcio, participa no crescimento ósseo e estimula as defesas imunológicas. Graças a ela, as glândulas suprarrenais sintetizam os hormônios em resposta ao estresse. Fortalece os dentes, as gengivas, os ligamentos, os vasos sanguíneos e favorece a cicatrização.

Frutas cítricas, maçã, pêra, kiwi, morango, uva e todos os legumes frescos, folhas verdes, brócolis, repolho, agrião e salsa
A pimenta vermelha é muito rica nessa vitamina
➡ 70 mg/dia

Vitamina D : fixa o cálcio nos ossos. Portanto, seu papel é primordial na formação do esqueleto. Excelente contra o raquitismo.

Frutos do mar, peixes, manteiga, leite, gema de ovo
➡ 1 a 2 mg/dia

29

Como a celulite surge nas mulheres

A celulite é um fenômeno de acúmulo de gorduras subcutâneas, predominante em algumas regiões do corpo, principalmente na parte inferior do corpo da mulher.
Ela é composta por uma mistura de água, dejetos e toxinas nos tecidos dérmicos e de gorduras em determinadas células.
A celulite acomete 2 em 3 mulheres, aí incluídas aquelas que não têm nenhum sobrepeso importante.

Fatores da celulite

O aparecimento da celulite depende de inúmeros fatores, como alimentação demasiadamente gordurosa, vida sedentária e má circulação sanguínea. Os fatores genéticos devem ser levados em conta assim como a influência dos hormônios, em particular, dos estrógenos. Antes da menstruação e durante a gravidez, a insuficiência da circulação venosa ou linfática e o excesso de estrógenos favorecem a retenção de água.

Retenção de água

A retenção de água ocorre quando esta, carregada de dejetos e de resíduos, acumula-se e fica estagnada nas bolsas porosas subcutâneas. Essa retenção acontece durante um período de estresse ou durante o ciclo menstrual para desaparecer depois de alguns dias, sem tratamento específico, a não ser com uma alimentação estrita (sem açúcar e com pouco sal). A celulite instala-se a partir do momento em que essa água torna-se gelatinosa, endurece e faz pressão sob a pele. Sem um tratamento intensivo e localizado sobre a massa gordurosa, não será possível reverter essa pele com aspecto de laranja que tenderá a se tornar cada vez mais firme.

Distúrbios hormonais

O aparecimento e o desenvolvimento da celulite estão ligados a etapas importantes, do ponto de vista hormonal, da vida feminina, como a puberdade e a gravidez. A menopausa caracteriza-se pelo fim do funcionamento dos ovários e das secreções hormonais. Nesse estágio da vida, mesmo que o organismo tenha uma tendência a ativar menos as células gordurosas, o desenvolvimento da celulite não diminuirá por si só.

Estresse

A celulite também pode aparecer durante um período de estresse intenso e prolongado e estar ligada a distúrbios patológicos, como os ginecológicos, circulatórios e digestivos. Estes últimos podem agravar intensamente a celulite. Na verdade, o fígado desempenha um papel essencial na digestão dos alimentos. Se ela é difícil, o funcionamento do fígado será mais lento. As gorduras e os açúcares serão estocados e o organismo conservará toxinas e dejetos que alterarão consideravelmente o tecido dérmico.

Hereditariedade

Tanto em relação à celulite como em relação à obesidade, a hereditariedade parece ser um fator importante e, frequentemente, as mães que sofrem de problemas de varizes e de circulação sanguínea os transmitem às filhas.

Saiba também que você terá maior risco de ter celulite se sua mãe for de origem mediterrânea e menor se for nórdica, maior se for branca e menor se for negra ou asiática... e ainda maior se apreciar a boa comida e gostar de cozinhar! Na verdade, as africanas, as asiáticas e as indianas só apresentam celulite em casos excepcionais. Isso se explica, sem dúvida, pelos hábitos culinários, mas também por um tipo muito diferente de pele. A pele negra, por exemplo, é mais firme, mais tonificada e dissimula muito melhor os sinais epidérmicos do sobrepeso. Além disso, a ausência de varizes na maioria delas tende a demonstrar que elas não têm, preponderantemente, problemas circulatórios reais, que são fatores determinantes para o aparecimento da celulite.

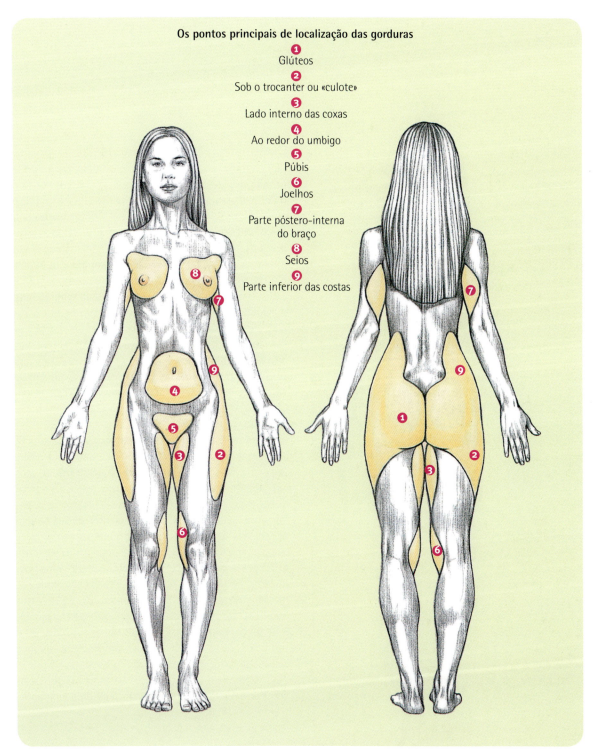

Os pontos principais de localização das gorduras

1. Glúteos
2. Sob o trocanter ou «culote»
3. Lado interno das coxas
4. Ao redor do umbigo
5. Púbis
6. Joelhos
7. Parte póstero-interna do braço
8. Seios
9. Parte inferior das costas

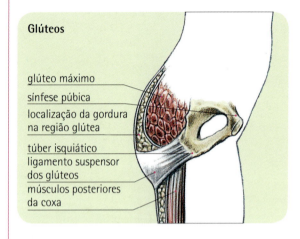

Glúteos
- glúteo máximo
- sínfese púbica
- localização da gordura na região glútea
- túber isquiático
- ligamento suspensor dos glúteos
- músculos posteriores da coxa

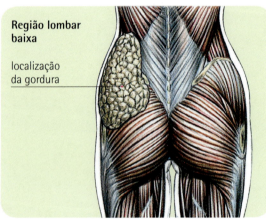

Região lombar baixa
- localização da gordura

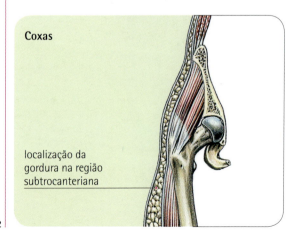

Coxas
- localização da gordura na região subtrocanteriana

Como combater a celulite

Cirurgia estética: por que não?

Em paralelo ao trabalho em profundidade sobre a celulite, pode-se usar a cirurgia estética. Em caso de grande massa de celulite, a atividade física, mesmo que intensa, não obterá efeito total. A intervenção, sob anestesia local, consiste em penetrar nos tecidos afetados pela celulite por meio de uma cânula ligada a um aspirador e retirar o tecido gorduroso. Mas, se depois da operação não se adotar uma alimentação com disciplina rigorosa combinada com ginástica regular, toda a celulite reaparecerá. E, como em todas as intervenções cirúrgicas, existem riscos.

Massagens

Depois de iniciar uma alimentação saudável que exclua alimentos fora de hora e os açúcares de rápida absorção (bolos, bombons, chocolate...) e praticar os exercícios físicos apropriados, dê atenção a seu corpo. Cultive o hábito de friccionar o corpo para ativar a circulação sanguínea e faça automassagem de manhã e à noite. Não há nada melhor para drenar a água dos tecidos gordurosos. Localize os botões gordurosos e pressione-os, fazendo-os rolar a fim de começar a desfazê-los. Você pode usar os diversos cremes de massagem disponíveis à venda, que só são eficazes contra uma celulite superficial, mas que se destinam especialmente a hidratar a pele. Faça também regularmente uma drenagem linfática para reduzir a retenção de água: as massagens dos capilares subcutâneos ativam os vasos linfáticos que transportam os dejetos das células para a circulação sanguínea, onde eles são dissolvidos.

Exercícios intensivos contra a celulite

Se, em um primeiro momento, a perda de peso gerada por um regime parece destacar a celulite, com a prática regular da ginástica, focada e profunda, você poderá canalizar a celulite e impedi-la de aumentar. A celulite localiza-se essencialmente na parte inferior do corpo e o trabalho da ginástica deverá, portanto, situar-se nessa região.

Quanto aos exercícios, inicialmente eles consistem em ativar a circulação do sangue, com movimentos de flexão e, depois, em trabalhar profundamente os músculos das coxas e dos joelhos, com séries mais longas e mais próximas. Aumentar as séries e diminuir o tempo de recuperação são as duas condições para queimar gordura. É aí que a respiração é essencial: uma boa oxigenação permitirá que você aumente a duração dos exercícios, o músculo será mais bem oxigenado durante o esforço e poderá ser trabalhado em profundidade. Os exercícios que visam a eliminar a celulite são particularmente difíceis de realizar. Você não será capaz de realizá-los adequadamente sem uma respiração profunda e longa. Andar a pé é um ótimo exercício cardiovascular que também ativa a circulação do sangue. O mesmo pode ser dito do aparelho de step Stairmaster: este aparelho consiste em dois apoios que são abaixados alternadamente — pé direito, pé esquerdo — e que trabalha os glúteos e as coxas. Além disso, podem ser usados todos os exercícios que atuam sobre os glúteos e eliminam os culotes ou que trabalham os joelhos com pesos nos tornozelos: também neste caso por meio de séries longas, com um tempo de recuperação muito curto.

Tipos morfológicos extremos

A
Tipo ectomorfo:
predomínio do sistema nervoso e da pele

B
Tipo mesomorfo:
predomínio do sistema muscular e ósseo

C
Tipo endomorfo:
predomínio do sistema digestivo

Exercícios

 Cada exercício é dividido em etapas que correspondem às fotos e que são explicadas passo a passo.

Variante As variações trazem a possibilidade de realizar o exercício de outra maneira, para corrigir um problema de equilíbrio, por exemplo, ou para intensificar o esforço.

Atenção Os pontos de exclamação assinalam instruções que devem ser respeitadas ou, ao contrário, más posturas que devem ser evitadas.

Observação As observações a ajudam a se posicionar melhor, a otimizar a eficácia do exercício e lhe dão explicações adicionais.

 Para cada exercício é indicado um número de séries de movimentos, que corresponde a um número ideal de repetições para que o movimento seja eficaz. Mas cuidado, sempre leve em conta seu nível e sua forma física!

 Para cada alongamento, é indicado o tempo médio recomendado em que se deve manter a postura. Também aqui «ouça» seu corpo, não o force e, sobretudo, não se esqueça de inspirar e expirar profundamente durante toda a postura.

Exercícios de boa forma

BRAÇOS
PEITO
OMBROS

ABDOMINAIS
CINTURA
COSTAS

GLÚTEOS
COXAS

Algumas regras básicas

Aquecimento
Antes de começar os exercícios, é importante — para não dizer, obrigatório — aquecer-se durante 4 ou 5 minutos, escolhendo movimentos de alongamento para cada parte do corpo, a fim de evitar os riscos de cãibra ou, pior, de lesão muscular.

Respiração
O modo como você respira é muito importante; obter uma boa respiração ao se exercitar tornará possível atingir melhor rendimento e melhorar sua capacidade cardiovascular.

Postura
Posicionar corretamente o corpo no início de cada exercício tornará possível localizar melhor os músculos ou o grupo muscular que se deseja trabalhar e evitará que você compense o esforço com partes do corpo que, ao contrário, devem ser protegidas (como a coluna lombar).

BRAÇOS

1. Extensão do antebraço com haltere

Trabalho dos tríceps. Este exercício permitirá que você trabalhe toda a região dorsal assim como os músculos situados na parte posterior do braço — os tríceps — fortalecendo uma zona que tem tendência à flacidez.

> É importante manter o tronco bem reto para evitar qualquer torção nas costas ou no quadril.

1 De pé, com uma das pernas flexionada à frente, e a outra estendida para trás, o tronco levemente inclinado para frente, e as costas retas. A mão situada no mesmo lado da perna flexionada apoia-se sobre o joelho para dar melhor apoio. O braço, do lado da perna estendida, é flexionado na altura do ombro e a mão segura um haltere.

2 Efetue uma extensão do antebraço para trás. Em seguida, abaixe progressivamente o braço estendido, dobrando-o e, depois, puxando-o em direção ao teto.

4 séries de 15 movimentos

◀ Contraia os glúteos.

1 De pé, pernas afastadas, pés levemente voltados para o exterior, o que permitirá contrair melhor os glúteos e estabilizar o quadril, um haltere nas mãos e ambos os braços estendidos acima da cabeça.

2 Flexione os braços, levando o haltere atrás da nuca enquanto inspira. Depois, volte à posição com os braços estendidos, expirando para melhor contrair os tríceps.

! Se você tiver dificuldade para contrair os glúteos, efetue uma retroversão do quadril, o que lhe permitirá uma melhor contração.

4 séries de 15 movimentos

Extensão do antebraço com haltere

BRAÇOS

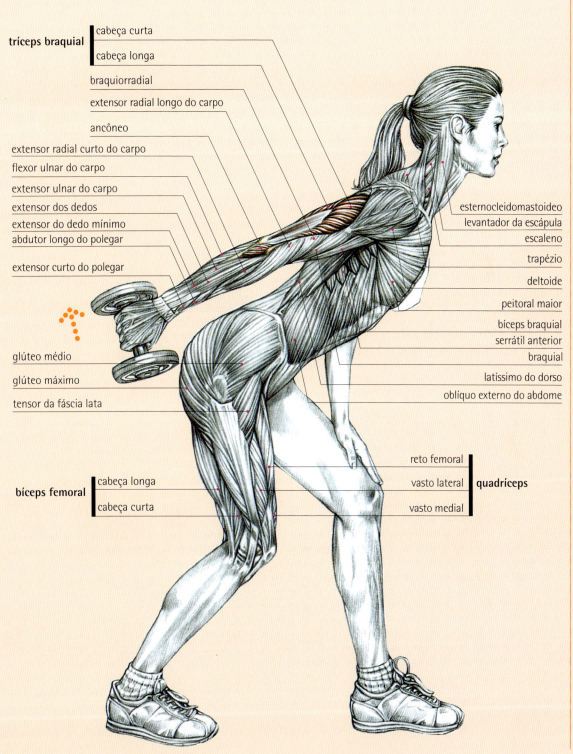

- **tríceps braquial**
  - cabeça curta
  - cabeça longa
- braquiorradial
- extensor radial longo do carpo
- ancôneo
- extensor radial curto do carpo
- flexor ulnar do carpo
- extensor ulnar do carpo
- extensor dos dedos
- extensor do dedo mínimo
- abdutor longo do polegar
- extensor curto do polegar
- glúteo médio
- glúteo máximo
- tensor da fáscia lata
- **bíceps femoral**
  - cabeça longa
  - cabeça curta

- esternocleidomastoideo
- levantador da escápula
- escaleno
- trapézio
- deltoide
- peitoral maior
- bíceps braquial
- serrátil anterior
- braquial
- latíssimo do dorso
- oblíquo externo do abdome
- **quadríceps**
  - reto femoral
  - vasto lateral
  - vasto medial

37

2 Exercícios de musculação

BRAÇOS

Trabalho do tríceps. Estes exercícios de musculação permitirão que você trabalhe o tríceps, um músculo que nunca é usado na vida diária e que, portanto, tem tendência a relaxar (braços "caídos").

3 séries de 15 movimentos

1 Um joelho sobre um banco, a mão apoiada sobre o banco. A outra perna estendida, com o pé apoiado no solo, e o outro braço com o cotovelo flexionado e com um haltere na mão.

2 Em uma expiração, estique o cotovelo para alinhar o braço em prolongamento do corpo. Mantenha a posição por alguns segundos e, depois, relaxe lentamente ao inspirar.

Retroverter o quadril para melhor apoiar as costas contra o banco.

1 Deitada sobre um banco, com as pernas flexionadas, os pés apoiados no banco, os braços estendidos e as mãos separadas na largura dos ombros, em pronação sobre uma barra.

2 Inspire e desça lentamente, flexionando os cotovelos para levar a barra até a altura da testa. Expire, subindo lentamente com os braços estendidos.

Variante
Você pode fazer esse exercício com um haltere em cada mão.

3 séries de 15 movimentos

Exercícios de musculação

BRAÇOS

De pé, pernas afastadas, pés voltados ligeiramente para o exterior para uma contração melhor dos glúteos e para firmeza do quadril, uma mão na cintura e o outro braço estendido para cima com a mão segurando um haltere.

Inspire e flexione lentamente o antebraço atrás da cabeça. Expire e volte à posição inicial. Alterne os braços.

3 séries de 20 movimentos

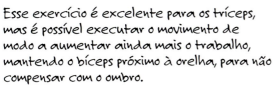

Esse exercício é excelente para os tríceps, mas é possível executar o movimento de modo a aumentar ainda mais o trabalho, mantendo o bíceps próximo à orelha, para não compensar com o ombro.

Variante

Quem tem problemas de equilíbrio pode realizar o exercício sentada sobre um banco. Apoie uma mão no banco e coloque os pés bem apoiados no solo.

BRAÇOS

3 Trabalho dos tríceps: musculação no banco

O joelho deve ficar verticalmente sobre o tornozelo.

Desça bem verticalmente ao banco.

① Sentada na borda do banco, mãos apoiadas sobre o banco ao lado dos glúteos, não-apoiados, pernas flexionadas em ângulo reto, pés firmemente apoiados no chão.

② Inspire e desça progressivamente os glúteos, o mais baixo possível verticalmente, e depois volte a subir até ficar com os braços estendidos, mantendo a parte inferior do tronco bem reta. Expire no final do movimento.

4 séries de 20 movimentos

Variante
Para as avançadas.

① Sentada na borda do banco, mãos apoiadas sobre o banco ao lado dos glúteos, não-apoiados, um pé colocado sobre o joelho da perna oposta.

② Inspire e desça progressivamente os glúteos, o mais baixo possível verticalmente, e depois volte a subir até ficar com os braços estendidos, mantendo a parte inferior do tronco bem reta. Expire no final do movimento. Alterne a perna de apoio.

Trabalho dos bíceps: flexão dos antebraços com barra

Trabalho dos bíceps. Um dos melhores exercícios de musculação para o bíceps é a flexão dos antebraços, pois torna possível modelar essa região que, às vezes, tende a ser mal definida.

Feche ligeiramente as escápulas para manter as costas retas.

Direcione a ponta dos pés ligeiramente para fora para contrair melhor os glúteos.

1 De pé, pernas separadas, braços ao longo do corpo, segurando uma barra com pesos.

2 Inspire e flexione os braços acima do peito. Expire, relaxando lentamente para voltar à posição inicial, com os braços estendidos.

4 séries de 15 movimentos

> Durante a flexão, mantenha os cotovelos próximos ao corpo para contrair bem os bíceps, e evite levar os cotovelos à frente para não compensar com os ombros. Relaxe lentamente para evitar lesões nos tendões dos bíceps.

BRAÇOS — 4

5 Flexão dos antebraços com halteres

BRAÇOS

Trabalho dos bíceps. A flexão alternada com halteres é um dos melhores exercícios de musculação para dar harmonia aos músculos dos antebraços.

É importante realizar o movimento de modo lento e progressivo. Isso torna possível não compensar com as costas e os ombros.

1 De pé, pernas separadas, pés ligeiramente voltados para o exterior para maior estabilidade, braços estendidos ao longo do corpo, com um haltere em cada mão.

2 Inspire e flexione um braço sobre o peito. Relaxe o braço lentamente ao expirar. Alterne os braços.

◀ Feche os cotovelos.

Mantenha a cabeça alinhada com o corpo. ▼

1 Sentada em um banco, com as costas bem apoiadas no encosto, as pernas ligeiramente separadas, braços ao longo do corpo com um haltere em cada mão e a cabeça alinhada com o corpo.

2 Inspire, contraindo os músculos abdominais e, depois, flexione os dois braços até a altura dos ombros. Expire, descendo lentamente até que os braços fiquem estendidos.

Apoie bem as costas contra o banco. ▶

4 séries de 15 movimentos

4 séries de 20 movimentos

42

Flexão dos antebraços com halteres 5

BRAÇOS

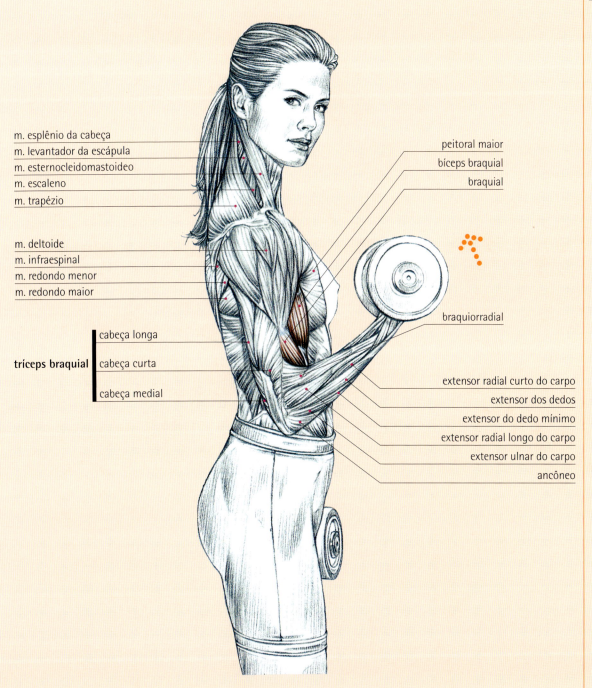

43

6 Flexões de braços

BRAÇOS

Trabalho de musculação. Este exercício, que normalmente é chamado de flexão de braços, é excelente não só para as costas, mas também para os peitorais, os ombros e os abdominais.

1 De joelhos, com as pernas elevadas, braços estendidos, cabeça alinhada com as costas.

Posicione os cotovelos na altura dos ombros.

2 Firme os abdominais e os glúteos ao máximo para proteger a lombar. Inspire e dobre os cotovelos para levar a testa e o peito em direção ao solo. Suba lentamente, expirando, até estender os braços.

3 séries de 15 movimentos

! A respiração é primordial: é preciso inspirar antes de descer e expirar ao subir, o que torna possível obter uma boa propulsão ao subir e estender os braços.

Flexões de braços 6

A posição das mãos é muito importante: as mãos colocadas à frente permitem trabalhar mais intensamente os ombros e as costas; com as mãos com os dedos voltados para o exterior, trabalha-se o peito; e com as mãos voltadas para o interior, trabalham-se os músculos tríceps.

BRAÇOS

Desça a testa em direção ao solo.

Variante
As avançadas podem efetuar flexões verdadeiras, mantendo as pernas estendidas, os pés flexionados, com as pontas dos pés apoiadas no chão: desça até perto do solo. Suba, estendendo os braços, sem colocar os joelhos nem o quadril no chão.

2 séries de 10 movimentos

! Esta posição é ruim, pois as costas estão arqueadas demais.

45

7 Alongamento do antebraço e do punho

BRAÇOS

Trabalho de antebraços e de punhos. Estes exercícios são excelentes para alongar os músculos que foram solicitados pelos exercícios anteriores e também para relaxar os punhos que, frequentemente, ficam contraídos, por exemplo, nas pessoas que trabalham muito no computador.

a De pé, pernas afastadas, tronco bem reto, um braço estendido à frente, na altura do ombro, com a mão em extensão. Com a outra mão, segure os dedos e puxe-os levemente em sua direção sem flexionar o cotovelo, para alongar toda a parte interna do antebraço. Expire e inspire lentamente durante todo este exercício.

↻ Mantenha a posição por 10 a 15 segundos.

b De pé, pernas afastadas, tronco bem reto, os dois braços estendidos à frente, na altura dos ombros. Com uma das mãos, segure os dedos da mão oposta, flexione as mãos e puxe o braço em sua direção. Este movimento é excelente para alongar a parte externa dos antebraços.

↻ Mantenha a posição por 10 a 15 segundos.

Alongamento do antebraço e do punho

7

BRAÇOS

> Se o exercício lhe parecer difícil, reduza a distância entre as mãos e os joelhos.

Não arqueie as costas.

As mãos ficam apoiadas no solo e voltadas para você.

C De joelhos, pernas fechadas, glúteos apoiados sobre os calcanhares, incline o tronco, apoiando as palmas das mãos no solo, com os dedos voltados para os joelhos. Inspire e contraia os abdominais, pressionando o chão com as mãos para obter um alongamento mais intenso. Mantenha a posição por 20 a 30 segundos. Relaxe e expire.

↻ Mantenha a posição por 20 a 30 segundos.

47

PEITO

1 *Pull-over* com haltere

Trabalho do peitoral maior. Além do trabalho de tonificação do peito e dos tríceps, estes exercícios expandem sua caixa torácica, o que é excelente para o sistema cardiovascular.

> ! Para realizar um trabalho de abertura e flexibilidade da caixa torácica, é importante inspirar ao máximo no início do movimento e só expirar no final da execução.

1 Deitada sobre um banco, pernas flexionadas, pés bem apoiados, um haltere nas mãos, braços estendidos acima do peito.

Apoie bem as costas para proteger as vértebras lombares.

Feche os cotovelos, mantendo-os perto das orelhas.

Contraia os abdominais.

2 Inspire e desça o haltere lentamente atrás da cabeça, flexionando levemente os cotovelos. Expire, levando os braços estendidos acima do peito.
Realize várias repetições para efetuar um trabalho em profundidade.

(Variante)
Faça este exercício usando uma barra.

 4 séries de 12 movimentos

Alongamento do peito

2

Trabalho dos peitorais. Este exercício de alongamento torna possível alongar ao mesmo tempo os músculos do peito e dos ombros e expandir a caixa torácica.

PEITO

Cabeça e nuca alinhadas com o corpo.

1 De pé, pernas afastadas, pés paralelos, glúteos e abdominais contraídos, mãos com os dedos cruzados atrás da nuca. Afaste os cotovelos para o exterior a fim de alongar os peitorais e flexibilizar os ombros. Mantenha a posição por alguns segundos e relaxe suavemente.

> Lembre-se de manter uma respiração constante ao longo do exercício para oxigenar melhor toda a área alongada.

↻ Mantenha a posição por 20 a 30 segundos.

49

3 Supino

PEITO

Trabalho do peitoral maior e do peitoral menor. Estes exercícios no banco também são excelentes para trabalhar os tríceps e, portanto, para manter e tonificar o peito e a parte posterior dos braços.

É importante fazer uma retroversão do quadril para que as costas fiquem totalmente apoiadas contra o banco, o que evita a compensação sobre a lombar. A posição com as mãos afastadas sobre a barra evita lesões nas articulações e nos cotovelos.

! Para o máximo de segurança, é preciso firmar a preensão da barra, colocando os polegares em oposição aos outros dedos (pronação). Se a barra não estiver firmemente segura, por meio da oposição dos polegares, ela pode escapar das mãos e provocar ferimentos graves ao cair sobre o maxilar ou, ainda pior, sobre o pescoço.

1 Deitada sobre um banco, pernas flexionadas, pés bem apoiados no solo. Segure a barra, mantendo os braços estendidos e as mãos em pronação com um afastamento superior à largura dos ombros.

Mãos afastadas, mais do que a largura dos ombros.

Punhos verticais em relação ao cotovelo.

2 Inspire e desça lentamente a barra, aproximando-a do peito. Depois, ao expirar, retorne à posição inicial, com os braços estendidos. Lembre-se de contrair os glúteos para firmar o quadril.

Variante
Para maior facilidade, realize este exercício com os pés apoiados sobre o banco e os joelhos flexionados.

4 séries de 20 movimentos

Afastamento dos braços com halteres (crucifixo)

PEITO — 4

Para evitar qualquer risco de lesão no nível dos peitorais, o exercício deve ser realizado com extrema cautela quando as cargas forem elevadas.

1 Deitada sobre um banco, pernas flexionadas, pés apoiados, braços estendidos acima do peito, um haltere em cada mão.

2 Inspire, afastando os braços para os lados do corpo, horizontalmente, com os cotovelos sempre voltados para o solo. Expire, subindo os braços estendidos até a posição inicial, acima do peito.

Variante
Quem tem problemas nas lombares pode realizar este exercício sobre um banco inclinado, o que evita o arqueamento das costas.

3 séries de 15 movimentos

51

5 Supino inclinado com barra e com halteres

PEITO

Trabalho dos deltoides. Estes exercícios são similares à puxada horizontal na barra e permitem uma concentração melhor do trabalho sobre o peito, pois há menos esforço na posição.

> Os aparelhos equipados com um apoio ventral facilitam o posicionamento, eliminando o trabalho dos músculos abdominais e espinhais. No entanto, com cargas elevadas, a caixa torácica é comprimida contra o apoio ventral, o que atrapalha a respiração e torna penosa a execução do trabalho.

! Quem tem problemas de arqueamento pronunciado das costas deve realizar uma retroversão do quadril a fim de apoiar bem as costas.

1. Sentada sobre um banco inclinado, com as costas bem apoiadas contra o encosto, pernas afastadas, pés bem apoiados no solo para mais estabilidade, uma barra acima do peito, mãos em pronação mais afastadas do que a largura dos ombros.

2. Inspire e depois expire subindo a barra verticalmente, braços estendidos acima do peito. Inspire ao descer a barra lentamente até acima do peito, na posição inicial.

4 séries de 10 movimentos

Supino inclinado com barra e com halteres

5 PEITO

Você pode utilizar dois tipos de respiração:

- para uma carga leve ou média: inspire ao descer e expire ao subir a barra (ou os halteres) com os braços estendidos.

- para uma carga mais pesada: é importante descer mais rapidamente, inspirando, depois bloquear a respiração por alguns segundos, com a barra sobre o peito e, em seguida, contrair bem os abdominais e expirar subindo. Essa respiração permitirá que você sustente uma carga mais elevada e adquira mais força.

Variante

Efetuar este mesmo exercício com um haltere em cada mão, mantendo a cabeça alinhada com o corpo e oxigenando-se durante todo o exercício com uma respiração lenta e profunda.

Variante

Você pode também realizar este exercício deitada sobre um banco com um haltere em cada mão.

3 séries de 15 movimentos

1 Elevação lateral dos braços com halteres

OMBROS

Trabalho dos deltoides. Este exercício é excelente para trabalhar o exterior dos deltoides, principalmente suas partes externas, a fim de "esculpir" suavemente a curva dos ombros.

Cotovelos fechados.

Feche as escápulas para não forçar os trapézios.

1 De pé, pernas separadas na largura dos ombros, pés paralelos, braços flexionados ao lado do corpo, um haltere em cada mão.

2 Inspire e, ao expirar, suba os cotovelos até a altura dos ombros. Relaxe lentamente os braços ao lado do corpo.

Durante o exercício, contraia os abdominais e os glúteos para evitar a compensação com a parte inferior das costas.

 4 séries de 12 movimentos

! É importante oxigenar bem seus músculos com uma respiração lenta e regular, além de evitar subir os ombros para não compensar com os músculos trapézios.

Braços ligeiramente flexionados.

Variante

Pode-se realizar esse exercício com os braços estendidos e relaxar lentamente os braços ao longo do corpo.

3 séries de 15 movimentos

Elevação lateral dos braços com halteres

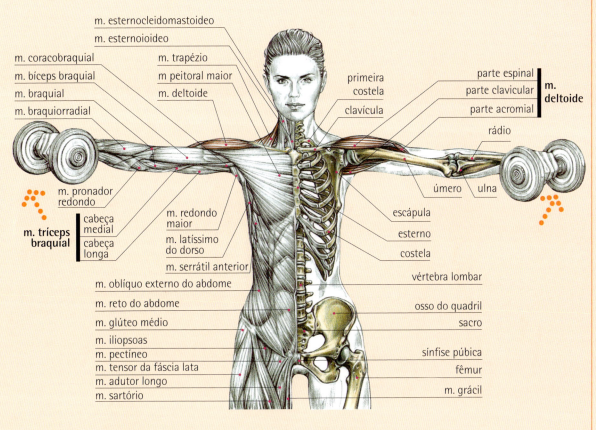

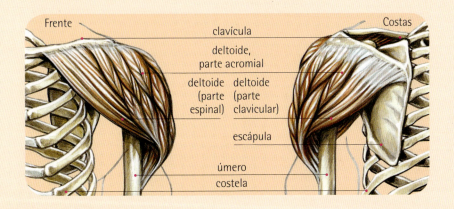

OMBROS

2 Puxada vertical com barra

Trabalho dos deltoides e do trapézio. É um exercício básico muito completo que solicita principalmente o conjunto dos músculos dos ombros, mas também dos antebraços, dos glúteos, dos sacrolombares e dos abdominais, para obter uma silhueta bem esculpida.

Cotovelos para cima.

◄ Contraia os glúteos.

Pés um pouco mais afastados do que a largura do quadril. ▶

1 De pé, pés paralelos, pernas ligeiramente afastadas, braços esticados ao longo do corpo e mãos em pronação sobre a barra, afastadas na largura dos ombros.

2 Inspire e suba a barra ao longo do corpo, como se ela deslizasse, parando logo abaixo do queixo e mantendo os cotovelos voltados para o alto. Relaxe lentamente para voltar à posição inicial. Expire.

> Quanto mais as mãos estiverem próximas, mais o trabalho irá se desenvolver sobre o músculo trapézio; quanto mais as mãos estiverem separadas, mais o trabalho irá se desenvolver sobre os músculos deltoides.

3 séries de 20 movimentos

Variante
Você pode realizar este exercício separando os pés e as mãos.

Puxada vertical com barra

OMBROS

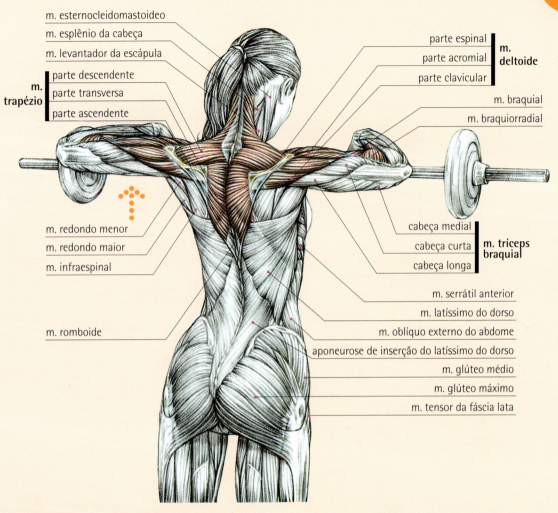

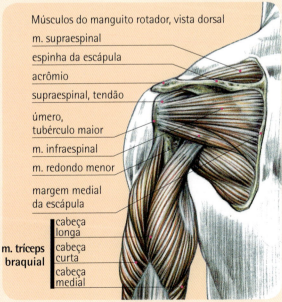

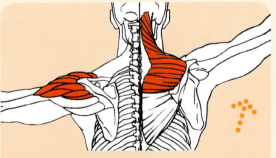

O deltoide eleva o braço até a horizontal. A partir daí, o trapézio faz com que a escápula oscile e permite que o braço siga seu curso ascendente.

57

3 Desenvolvimento pela frente com barra

Trabalho dos deltoides. Este exercício básico solicita principalmente os músculos deltoides e o tríceps e auxilia na obtenção de uma bela "curva" dos ombros.

3 a 6 séries
de 15 movimentos

Mãos ligeiramente mais afastadas que a largura dos ombros.

1. Sentada sobre um banco, com as costas apoiadas no encosto, pernas afastadas para melhor estabilidade, uma barra colocada sobre os ombros, acima do peito.

2. Inspire e suba os braços estendidos, mantendo as costas apoiadas no encosto. Expire no fim do movimento e volte à posição inicial.

4 séries
de 12 movimentos

Contraia os abdominais e apoie bem as costas contra o banco.

Para evitar lesões na articulação do ombro, especialmente frágil, desça a barra mais ou menos atrás da nuca, levando em conta as diferenças individuais de morfologia e de flexibilidade.

Variante

Na mesma posição inicial, efetue esse exercício descendo lentamente a barra atrás da nuca para trabalhar toda a parte externa do deltoide.

OMBROS

58

Desenvolvimento pela frente com barra

3

OMBROS

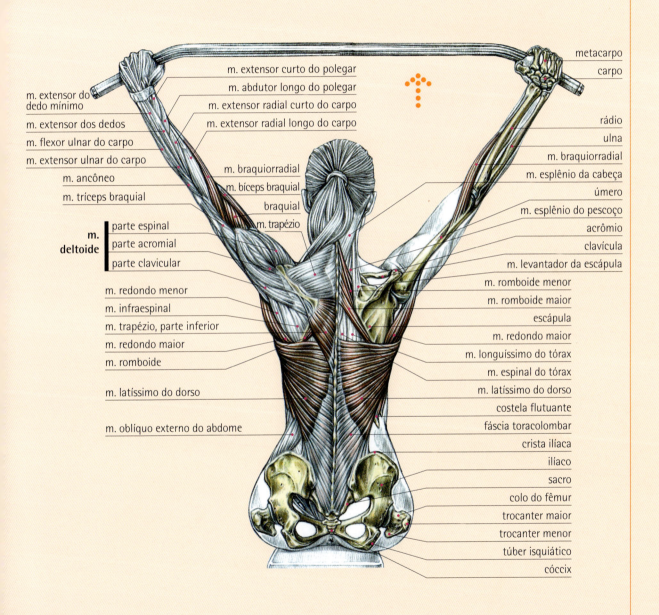

59

4 Elevação lateral, com o tronco inclinado para frente

Trabalho dos deltoides. Esta série de exercícios é progressiva, para iniciantes, intermediárias e avançadas. Respeite seu nível para não sofrer lesões.

OMBROS

Nível iniciante

4 séries de 15 movimentos

1 Sentada sobre um banco inclinado, com o ventre e o peito apoiados no encosto, um haltere em cada mão, braços relaxados.

2 Inspire e suba os braços na horizontal, depois volte lentamente à posição inicial. Expire no fim do esforço.

Nível intermediário

4 séries de 10 movimentos

1 Sentada sobre um banco, com o tronco ligeiramente inclinado para frente, costas bem retas, braços estendidos no prolongamento do corpo, um haltere em cada mão.

2 Inspire e levante os braços ligeiramente flexionados até a altura dos ombros, aproximando as escápulas uma da outra. Relaxe lentamente para voltar à posição inicial. Expire no fim do esforço.

Elevação lateral, com o tronco inclinado para frente

1 De pé, pernas afastadas, pés paralelos, joelhos levemente flexionados, tronco inclinado para frente, costas ligeiramente arqueadas, braços estendidos à frente das pernas, um haltere em cada mão.

2 Contrair os abdominais, depois inspirar e elevar os braços lateralmente, levando os cotovelos para trás e aproximando as escápulas. Volte lentamente à posição inicial, com os braços estendidos. Expire no fim do movimento.

! É importante respirar bem durante todo o exercício e realizar movimentos lentos. Isso permitirá que você perceba melhor o efeito do exercício sobre toda a parte superior das costas.

Nível avançado

3 séries de 15 movimentos

OMBROS

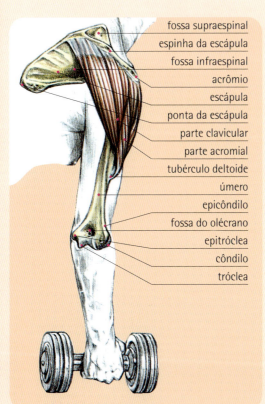

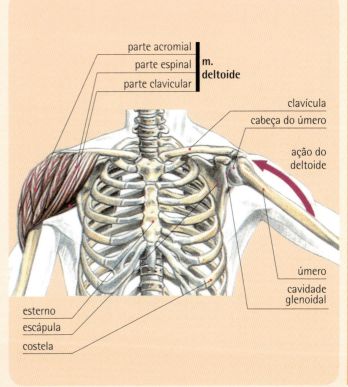

61

5 Alongamento dos ombros e do pescoço

Trabalho dos músculos do pescoço e do trapézio. Este é um exercício de alongamento que lhe permitirá flexibilizar as articulações e relaxar os músculos. É perfeito em caso de estresse.

◀ Com a mão, incline a cabeça lentamente para o lado.

◀ Abaixe o ombro para acentuar o alongamento.

1 De pé, pernas levemente afastadas, uma mão na cintura, a outra mão na têmpora oposta. Incline a cabeça para o lado, pressionando levemente com a mão, a fim de sentir claramente um alongamento no nível do pescoço. Mantenha a posição durante alguns segundos e, depois, repita do outro lado. Lembre-se de inspirar e expirar lentamente durante todo o exercício.

↻ Mantenha a posição por 20 a 30 segundos.

Variante

De pé, pernas levemente afastadas, mãos cruzadas atrás da cabeça. Pressione a cabeça para frente para alongar a nuca.

Mantenha essa posição durante alguns segundos, inspirando e expirando profundamente.

Alongamento dos ombros e do pescoço 5

OMBROS

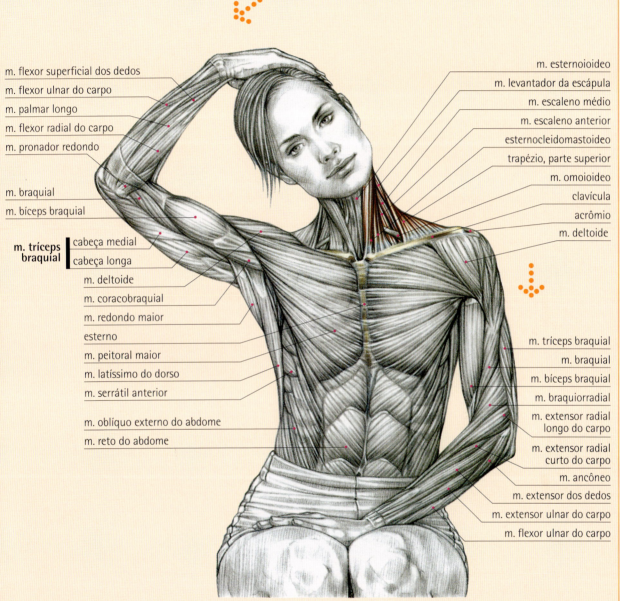

OMBROS

6 Alongamento dos deltoides

Trabalho dos deltoides. Exercício de flexibilidade por excelência, este movimento solicita principalmente os deltoides, para obter uma postura elegante, com os ombros para trás.

Pode-se manter a cabeça alinhada com o corpo ou relaxá-la completamente para descontrair as cervicais.

◀ Peito para fora.

◀ Leve as mãos para trás e eleve lentamente os braços.

1 Pernas esticadas, pés paralelos, mãos cruzadas atrás dos glúteos.

2 Incline o tronco para frente, levantando os dois braços estendidos acima dos ombros. Expire e inspire lentamente durante todo o exercício. Mantenha o movimento por 30 a 40 segundos. Depois, flexione levemente os joelhos e suba desenrolando as costas, o que evita a sobrecarga das lombares.

↻ Mantenha a posição por 10 a 20 segundos.

64

Alongamento dos deltoides 6

OMBROS

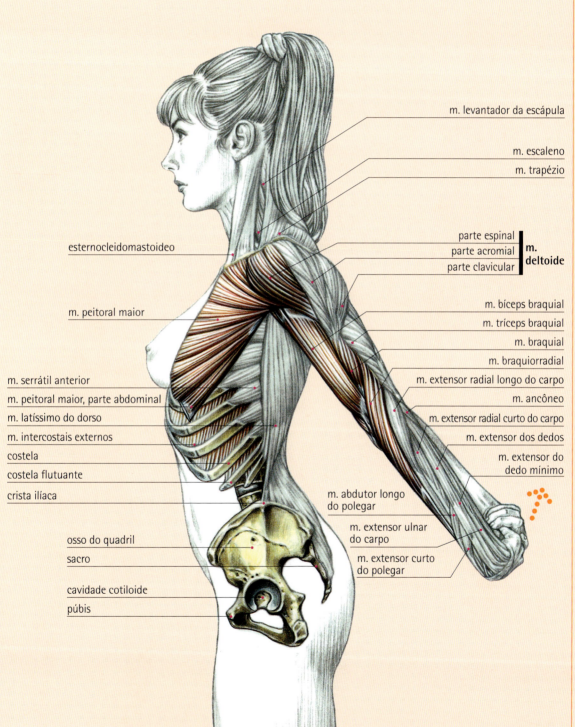

65

7 Alongamento dos deltoides

OMBROS

Trabalho dos deltoides. Esta série de exercícios solicita os deltoides. As posturas descritas a seguir, se praticadas alternadamente, torneiam suavemente os ombros.

> Para aumentar a eficácia deste exercício, você pode fazer pressão com a mão apoiada no cotovelo a fim de alongar a parte posterior dos ombros e o alto das costas.

1 De pé, pernas afastadas e pé paralelos a uma distância um pouco maior do que a largura dos quadris para dar mais estabilidade. Coloque um braço na horizontal acima do peito e o outro braço, flexionado, com a mão apoiada sobre o cotovelo do braço oposto.

↻ Mantenha essa posição por 20 a 30 segundos, inspirando e expirando durante todo o exercício.

1 De pé, pernas separadas, tronco reto, um braço flexionado no ar, com a mão atrás do ombro, a outra mão apoiada sobre o cotovelo do braço flexionado.

2 Tente segurar as mãos atrás das costas. Relaxe lentamente os braços, retornando à posição inicial. Mude de lado.

↻ Mantenha a posição por 10 a 20 segundos.

Alongamento dos deltoides   7

OMBROS

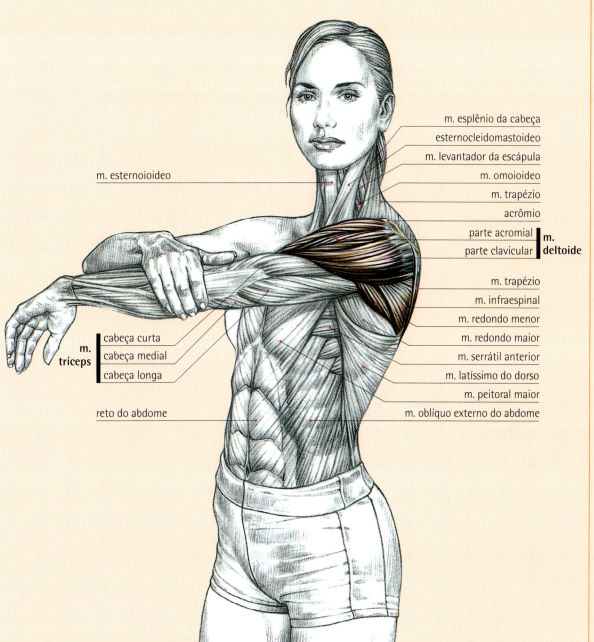

67

8 Flexibilidade dos ombros

OMBROS

Trabalho dos músculos dos ombros. Estes exercícios tornarão possível alongar e flexibilizar os músculos e a articulação do ombro a fim de obter uma postura melhor e uma silhueta mais bonita na parte superior do corpo.

Mãos mais afastadas do que a largura dos ombros. ▶

Estique o mais alto possível para alongar as costas. ◀

Firme o abdome. ▶

◀ Contraia os glúteos.

1 De pé, pernas afastadas, pés voltados ligeiramente para o exterior para uma melhor contração dos glúteos e boa estabilidade, mãos posicionadas nas extremidades do bastão.

2 Efetue um círculo com os braços estendidos, levando o bastão acima da cabeça...

 2 séries de 10 movimentos

Flexibilidade dos ombros

8

OMBROS

3 ...atrás das costas...

4 ...e, depois, atrás dos glúteos. Retome a posição inicial, realizando o movimento inverso.

Faça esse exercício lentamente para não traumatizar as articulações. Lembre-se de expirar ao levar o bastão até os glúteos e de inspirar ao levar o bastão para as coxas.

ABDOMINAIS

1. Abdominal

Trabalho do reto do abdome. Este é um exercício perfeito para obter um abdome reto e musculoso, eliminando completamente o excesso de gordura.

 4 séries de 20 movimentos

Evite cruzar os dedos para não comprimir as cervicais.

1 Deitada de costas, mãos atrás da nuca, pernas flexionadas em ângulo reto, contraia progressivamente os abdominais a fim de melhor localizar os retos e levante o tronco ao expirar.

2 Tente tocar os joelhos com os cotovelos e, depois, volte lentamente à posição inicial, inspirando.

Pés no prolongamento das pernas.

As mãos são posicionadas para sustentar a cabeça.

A respiração durante os exercícios abdominais aumenta a resistência, pois ela oxigena os músculos durante o esforço.

! Todos os exercícios que se referem à parede abdominal e, mais especificamente, ao músculo reto, devem ser trabalhados com as costas arredondadas.

Abdominal 1

ABDOMINAIS

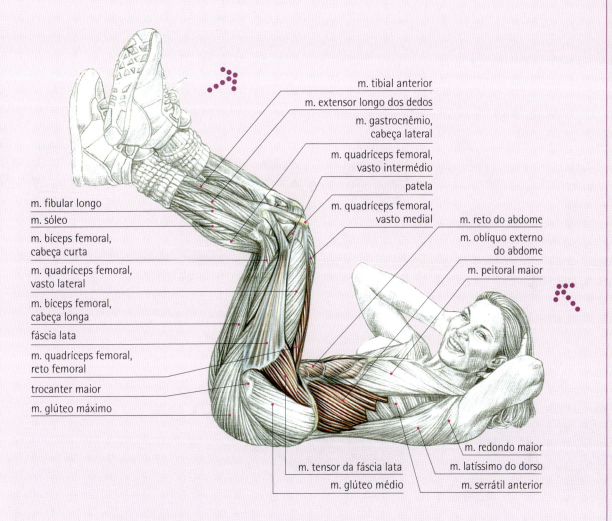

- m. tibial anterior
- m. extensor longo dos dedos
- m. gastrocnêmio, cabeça lateral
- m. quadríceps femoral, vasto intermédio
- patela
- m. quadríceps femoral, vasto medial
- m. reto do abdome
- m. oblíquo externo do abdome
- m. peitoral maior
- m. redondo maior
- m. latíssimo do dorso
- m. serrátil anterior
- m. tensor da fáscia lata
- m. glúteo médio

- m. fibular longo
- m. sóleo
- m. bíceps femoral, cabeça curta
- m. quadríceps femoral, vasto lateral
- m. bíceps femoral, cabeça longa
- fáscia lata
- m. quadríceps femoral, reto femoral
- trocanter maior
- m. glúteo máximo

Início do movimento — Fim do movimento

71

2 Abdominal no banco

Trabalho do reto e dos oblíquos interno e externo. Sempre com o objetivo de tonificar a parede abdominal, este exercício pode também ser realizado prendendo-se os pés em uma barra fixa.

ABDOMINAIS

3 séries de 20 movimentos

◀ Levante levemente a cabeça, alinhando-a com o corpo.

▲ Apoie bem as costas no chão.

1

Deitada no chão, pernas flexionadas, panturrilhas apoiadas sobre um banco, cabeça levemente levantada do chão e alinhada com o corpo, mãos atrás da nuca, costas apoiadas no chão.

2

Inspire, contraia os abdominais e levante o tronco o mais alto que puder, levando os cotovelos até os joelhos. Desça lentamente a fim de localizar bem os músculos retos e de não pressionar a lombar. Expire no fim do movimento.

Variante

Se você não tiver problemas nas cervicais, pode efetuar esse exercício com os braços estendidos à frente das coxas, tentando tocar os pés com as mãos.

Abdominal no banco

ABDOMINAIS

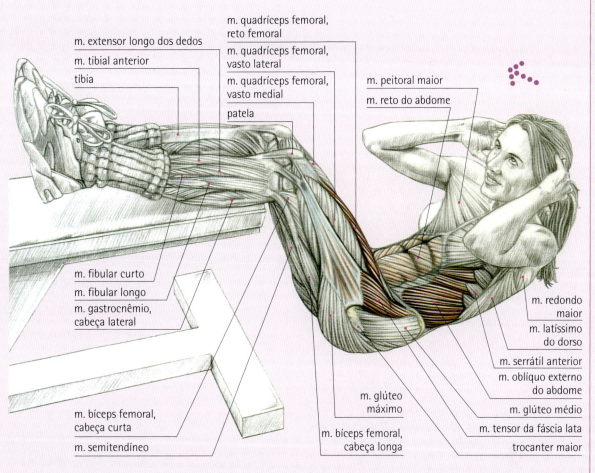

- m. extensor longo dos dedos
- m. tibial anterior
- tíbia
- m. quadríceps femoral, reto femoral
- m. quadríceps femoral, vasto lateral
- m. quadríceps femoral, vasto medial
- patela
- m. peitoral maior
- m. reto do abdome
- m. fibular curto
- m. fibular longo
- m. gastrocnêmio, cabeça lateral
- m. redondo maior
- m. latíssimo do dorso
- m. serrátil anterior
- m. oblíquo externo do abdome
- m. glúteo médio
- m. tensor da fáscia lata
- trocanter maior
- m. bíceps femoral, cabeça curta
- m. semitendíneo
- m. glúteo máximo
- m. bíceps femoral, cabeça longa

Execução do movimento

73

3. Extensão das pernas, alternadas

ABDOMINAIS

Trabalho dos músculos oblíquos interno e externo. Um movimento que associa o trabalho dos músculos abdominais e dos músculos da coxa para tonificar profundamente a parede abdominal e tornear suavemente a parte anterior das coxas.

Apoie a cabeça para não forçar as cervicais.

Mantenha o pé flexionado para não contrair a coxa em demasia.

 Deitada no chão, mãos atrás da nuca, sem cruzar os dedos para não comprimir as cervicais, flexione um joelho sobre o abdome e leve o cotovelo oposto ao joelho flexionado, enquanto mantém a outra perna estendida ligeiramente acima do quadril para não forçar as costas.

Inspire e expire a cada dois movimentos para evitar a superoxigenação dos músculos (o que atrapalha a contração do músculo e impede o trabalho).

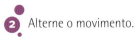 Alterne o movimento.

 3 a 4 séries de 20 movimentos

Extensão das pernas, alternadas

ABDOMINAIS 3

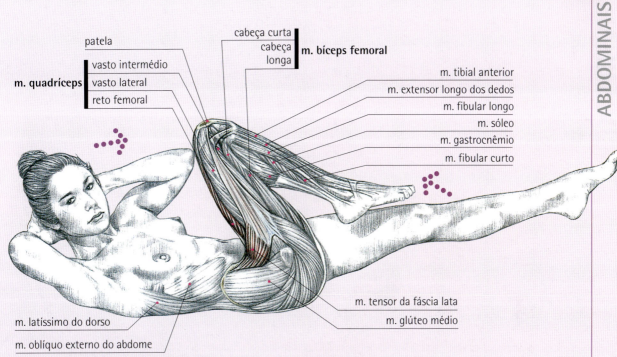

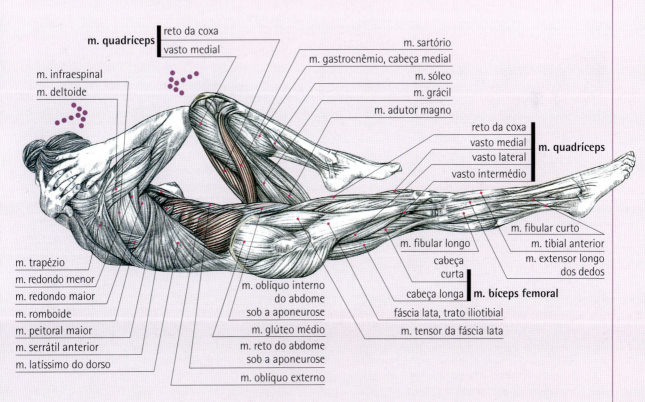

ABDOMINAIS

4 Extensão das pernas, pés elevados

Trabalho do músculo reto do abdome. A tonicidade da parede abdominal é um dos principais requisitos para se obter uma silhueta firme e dinâmica.

4 séries de 30 movimentos

1 Sentada no chão, apoiada sobre os cotovelos, pernas estendidas no ar, pontas dos pés alinhadas com as pernas, abdome bem contraído.

2 Efetue um movimento de tesoura, passando uma perna acima da outra. Mantenha uma respiração constante durante o exercício.

Contraia os abdominais para não arquear as costas.

Levante as pernas bem alto.

Flexione os cotovelos em ângulo reto e apoie-os no solo, logo abaixo dos ombros, para evitar a contração do pescoço.

Caso sinta dor nas costas, levante as pernas bem mais alto para aliviar a parte inferior das costas.

Variante

1 Sentada sobre o solo, apoiada nos cotovelos, pernas flexionadas em ângulo reto, pontas dos pés alinhadas com as pernas.

2 Estique as pernas alternadamente ou ambas ao mesmo tempo (ver desenho ao lado).

Extensão das pernas, pés elevados

4 ABDOMINAIS

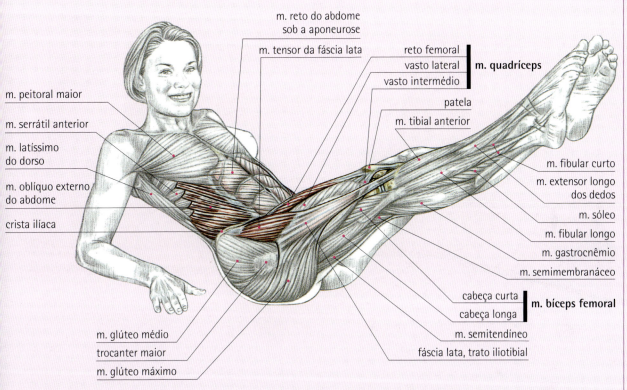

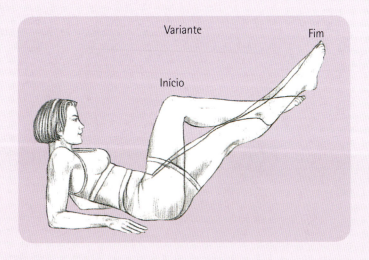

Variante

Início Fim

5 Elevação do quadril

Trabalho do reto do abdome e dos oblíquos externo e interno.
Este exercício, chamado comumente de "pequena vela", também faz parte dos exercícios clássicos para tonificar a parede abdominal.

◀ Tente levar os pés o mais alto possível.

 Deitada de costas, braços estendidos ao longo do corpo (ou abertos em cruz para maior estabilidade), pernas estendidas verticalmente acima do quadril.

 4 séries de 20 movimentos

 Contraia os abdominais, inspire e depois levante os glúteos do chão, levando os calcanhares em direção ao teto. Relaxe lentamente, expirando, e volte à posição inicial.

> Quem tem problemas nas costas deve colocar as mãos sob os glúteos para aliviar as lombares.

(Variante)
A fim de trabalhar ao mesmo tempo a parte superior e a inferior dos abdominais, faça o exercício colocando as mãos na nuca e levantando ligeiramente o tronco.

Elevação do quadril 5

ABDOMINAIS

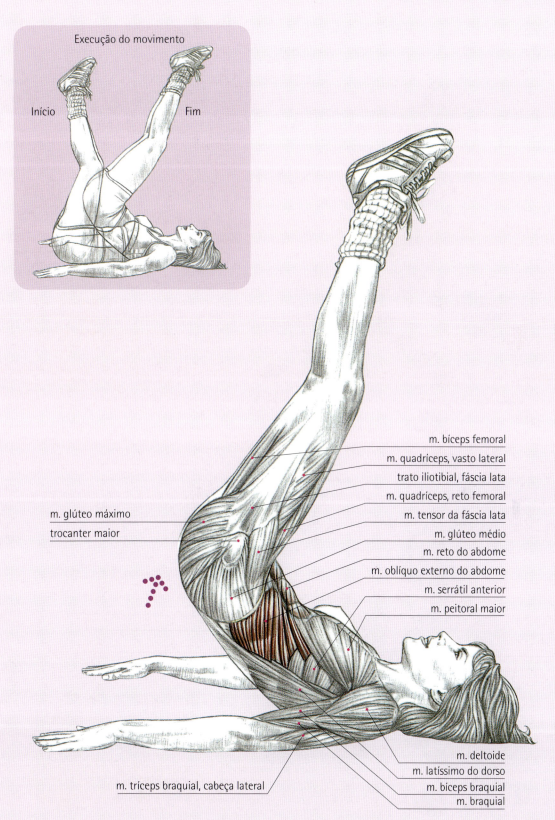

Execução do movimento — Início / Fim

- m. bíceps femoral
- m. quadríceps, vasto lateral
- trato iliotibial, fáscia lata
- m. quadríceps, reto femoral
- m. tensor da fáscia lata
- m. glúteo médio
- m. reto do abdome
- m. oblíquo externo do abdome
- m. serrátil anterior
- m. peitoral maior
- m. glúteo máximo
- trocanter maior
- m. tríceps braquial, cabeça lateral
- m. deltoide
- m. latíssimo do dorso
- m. bíceps braquial
- m. braquial

79

ABDOMINAIS

6 Elevação dos joelhos sentada sobre um banco

Trabalho do músculo reto do abdome. Este é um exercício de musculação muito completo que solicita também os músculos das coxas e do quadril.

Mantenha o tronco ligeiramente inclinado para trás para obter mais estabilidade sobre o banco.

3 séries de 15 movimentos

1 Sentada sobre um banco, mãos apoiadas ao lado dos glúteos, abdominais bem contraídos, joelhos unidos.

2 Levante os joelhos até a altura do peito, inspirando. Ao expirar, desça os pés até a posição inicial.

A fim de trabalhar bem toda a parede abdominal, realize várias séries até obter uma sensação de queimadura.

Elevação dos joelhos sentada sobre um banco

6 ABDOMINAIS

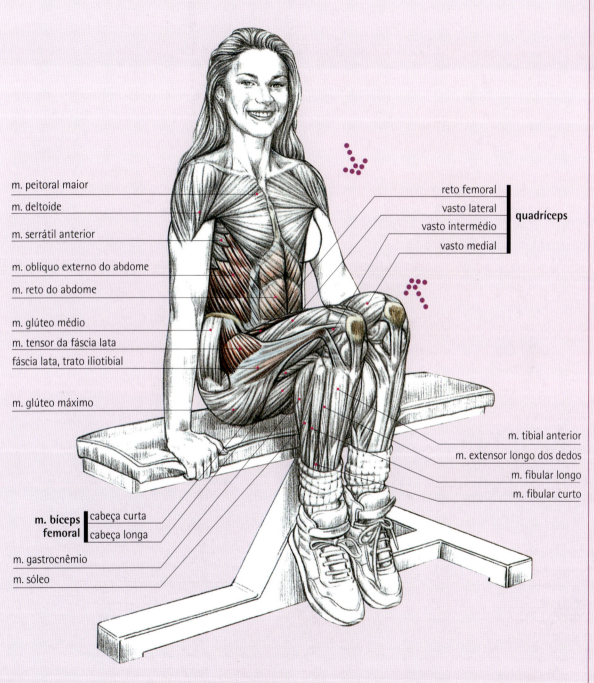

7 Elevação do tronco

ABDOMINAIS

Trabalho dos flexores do quadril, dos oblíquos e do reto do abdome. Este é o mais clássico dos exercícios abdominais e sua eficácia é garantida. É ideal para obter uma parede abdominal "firme como pedra".

3 séries de 15 movimentos

1 Deitada de costas, pernas flexionadas, pés bem apoiados no chão, mãos atrás da nuca, cabeça levantada.

2 Levante o tronco, expirando, e desça lentamente até o chão, inspirando.

Não tire os pés do chão.

Lembre-se de firmar bem as costas no chão e de efetuar uma retroversão do quadril.

Variante
O exercício fica mais fácil para as iniciantes se os braços forem mantidos estendidos adiante das coxas e as palmas das mãos ficarem na altura dos joelhos ao subir.

Variante
Para obter ainda mais facilidade, você pode fazer este exercício em dupla, com a parceira segurando seus pés, o que lhe permitirá exigir mais das coxas e também elevar o tronco mais facilmente.

Elevação do tronco 7

ABDOMINAIS

1 - Execução do exercício
2 - Variante com os braços estendidos à frente para facilitar a realização do movimento

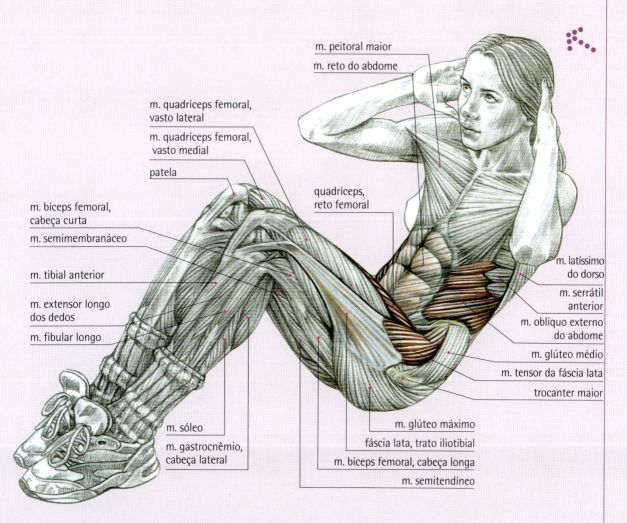

83

CINTURA

1. Alongamento com bastão ou halteres

Trabalho dos oblíquos. Esta série de alongamentos, praticada com halteres ou com um bastão, é ideal para alongar, tonificar e afinar a cintura.

🖐 3 séries de 20 movimentos

1 De pé, pernas afastadas, braços estendidos acima da cabeça, mãos em cada extremidade do bastão. Inspire e incline o tronco lateralmente, aproximando progressivamente o braço de cima da orelha. Expire voltando à posição inicial.

2 Alterne o movimento; pense em mobilizar bem seu quadril de modo a localizar melhor o trabalho sobre toda a parte dorsal e a cintura.

> *Contraia os glúteos a fim de dissociar a parte inferior e a parte superior do corpo, isto é, isolar a cintura.*

🖐 3 séries de 20 movimentos de cada lado

Variante

Você pode realizar esse exercício com um haltere em uma mão e com a outra mão colocada atrás da nuca. Esse exercício lhe permitirá isolar primeiro um lado e depois o outro.

> *Um haltere entre 1,5 kg e 2 kg permite tonificar. Uma carga maior permite maior solicitação.*

84

Alongamento com bastão ou halteres **1**

CINTURA

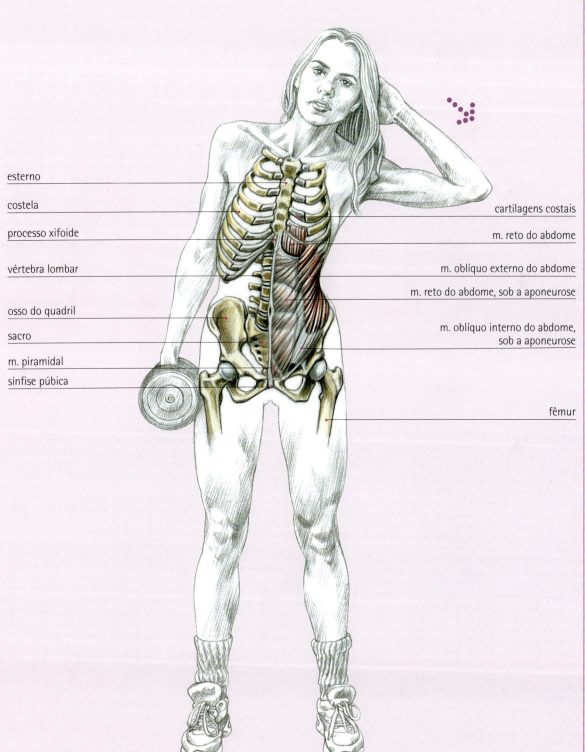

2 Rotação do tronco com bastão

CINTURA

Trabalho dos oblíquos. Este é um exercício ideal para afinar e tonificar a cintura. Para obter um melhor resultado, realize este exercício durante vários minutos, alternando rotações lentas e rápidas.

4 séries de 30 movimentos

Firme os joelhos contra o banco para mais estabilidade.

1 Sentada sobre um banco, com as coxas separadas, pés apoiados no chão, mãos segurando um bastão colocado na altura das escápulas. A cabeça está no prolongamento do corpo.

2 Efetue uma rotação do tronco para a esquerda.

3 Efetue uma rotação do tronco para a direita.

(Variante)
Realize este exercício de pé, posicionando os pés ligeiramente voltados para o exterior para melhor contração dos glúteos e para mais estabilidade do quadril.

Durante todo o exercício, contraia os glúteos para imobilizar o quadril e os abdominais, inspirando e expirando a cada rotação.

86

Rotação do tronco com bastão 2

CINTURA

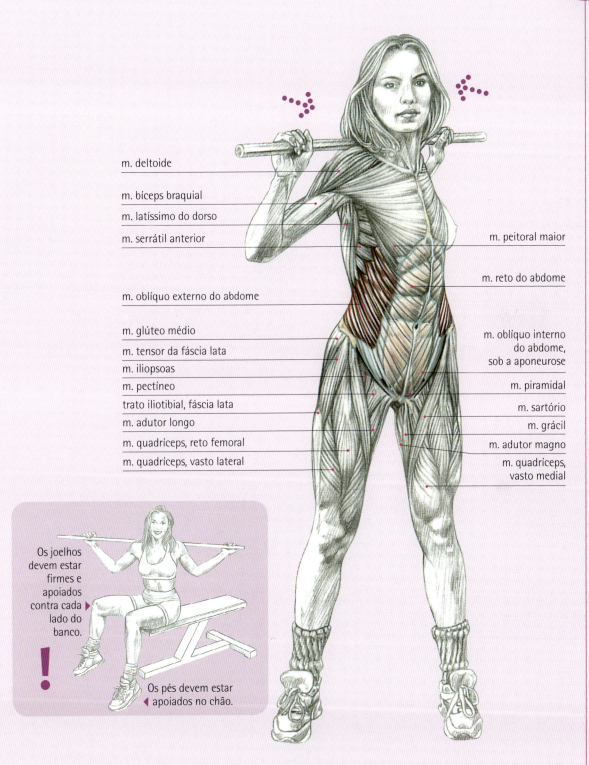

- m. deltoide
- m. bíceps braquial
- m. latíssimo do dorso
- m. serrátil anterior
- m. oblíquo externo do abdome
- m. glúteo médio
- m. tensor da fáscia lata
- m. iliopsoas
- m. pectíneo
- trato iliotibial, fáscia lata
- m. adutor longo
- m. quadríceps, reto femoral
- m. quadríceps, vasto lateral

- m. peitoral maior
- m. reto do abdome
- m. oblíquo interno do abdome, sob a aponeurose
- m. piramidal
- m. sartório
- m. grácil
- m. adutor magno
- m. quadríceps, vasto medial

! Os joelhos devem estar firmes e apoiados contra cada lado do banco.

Os pés devem estar apoiados no chão.

87

CINTURA

3 Elevação lateral do tronco

Trabalho dos oblíquos e do reto do abdome. Este é mais um movimento eficaz para afinar e tonificar a cintura. Deve ser praticado em alternância com os movimentos de alongamento.

✋ 3 séries de 20 movimentos

Este movimento é efetuado lentamente, sempre em séries longas, mudando alternadamente de lado e buscando obter a sensação de queimação.

! Quem tem problemas nas costas deve realizar o trabalho estático e depois relaxar suavemente.

Mantenha os pés cruzados para obter mais estabilidade.

1 Deitada de lado, pernas estendidas, uma perna à frente da outra, a mão do lado que está no chão deve estar sobre a cintura e a outra mão, atrás da nuca. Contraia bem os abdominais e eleve ligeiramente o tronco de lado, em pequena amplitude, a fim de contrair toda a parte lateral da cintura. Inspire ao subir e expire ao descer. Mude de lado depois de ter efetuado as séries.

(Variante)

Para facilitar o exercício, você pode prender os pés sob um móvel (na sala de ginástica, sob a barra) ou pedir a um parceiro que segure seus pés.

88

Elevação lateral do tronco **3**

CINTURA

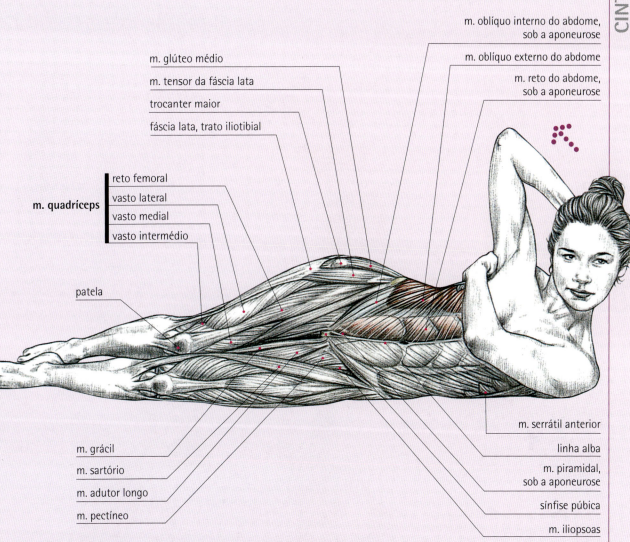

- m. glúteo médio
- m. tensor da fáscia lata
- trocanter maior
- fáscia lata, trato iliotibial
- m. quadríceps
  - reto femoral
  - vasto lateral
  - vasto medial
  - vasto intermédio
- patela
- m. grácil
- m. sartório
- m. adutor longo
- m. pectíneo

- m. oblíquo interno do abdome, sob a aponeurose
- m. oblíquo externo do abdome
- m. reto do abdome, sob a aponeurose
- m. serrátil anterior
- linha alba
- m. piramidal, sob a aponeurose
- sínfise púbica
- m. iliopsoas

89

4 Alongamento da parte superior do corpo

Trabalho dos músculos da cintura, dos braços, dos ombros e do peito.
Estes exercícios de alongamento são extremamente completos. Podem ser praticados também como aquecimento, antes da sessão de exercícios.

◀ A posição com os dedos cruzados e as palmas das mãos voltadas para cima alonga os músculos do punho.

◀ Contrair o abdome ajudará você a obter um alongamento melhor.

↻ Mantenha a posição por 10 a 20 segundos de cada lado.

1 De pé, pernas afastadas, pés um pouco voltados para o exterior para uma melhor contração dos glúteos, braços estendidos acima da cabeça e dedos cruzados. Firme o abdome, contraindo os abdominais.

2 Incline ligeiramente o tronco para um lado, para um alongamento ideal no nível da cintura. Alterne o movimento. Mantenha a respiração constante durante todo o exercício.

Mantenha essa posição durante alguns segundos, inspirando e expirando para um trabalho mais profundo.

Variante
Para quem tem dificuldade na realização desse exercício, coloque uma mão na cintura, estenda o outro braço para cima e incline o tronco para um lado e depois para o outro. Você também pode fazer esse exercício sentada.

CINTURA

90

Alongamento da parte superior do corpo 4

CINTURA

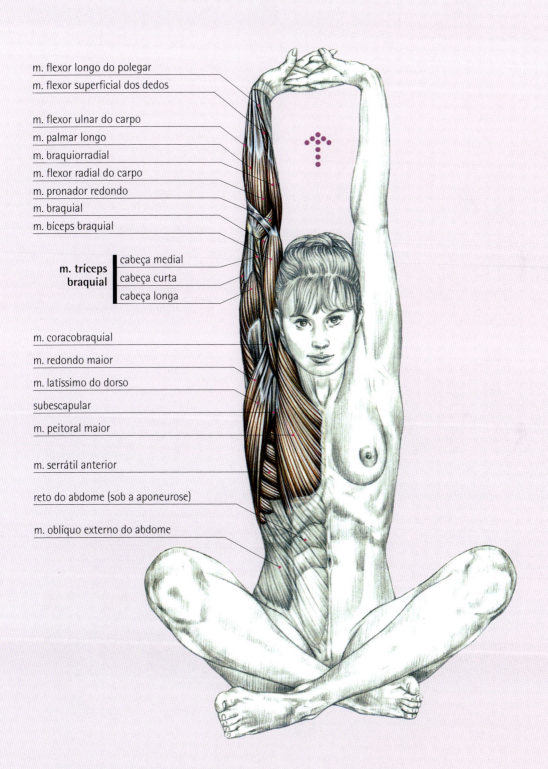

- m. flexor longo do polegar
- m. flexor superficial dos dedos
- m. flexor ulnar do carpo
- m. palmar longo
- m. braquiorradial
- m. flexor radial do carpo
- m. pronador redondo
- m. braquial
- m. bíceps braquial

m. tríceps braquial
- cabeça medial
- cabeça curta
- cabeça longa

- m. coracobraquial
- m. redondo maior
- m. latíssimo do dorso
- subescapular
- m. peitoral maior
- m. serrátil anterior
- reto do abdome (sob a aponeurose)
- m. oblíquo externo do abdome

91

COSTAS

1 "Remada" com halteres

Trabalho de toda a parte dorsal. A musculação das costas não é apenas indispensável para ter uma boa qualidade de vida, mas também permite obter uma silhueta ereta.

Não arqueie as costas.

Firme os cotovelos ao lado do corpo.

Aproxime as escápulas para melhor trabalhar os dorsais.

✋ 4 séries de 15 movimentos

1 De pé, pés paralelos, pernas um pouco afastadas, tronco inclinado ligeiramente para frente, braços relaxados, um haltere em cada mão.

2 Inspire, levantando os halteres ao lado do corpo, com os cotovelos dobrados. Aproxime as escápulas o máximo que puder. Volte à posição inicial expirando e, depois, recomece. Faça várias séries, mantendo um tempo de recuperação entre elas.

❗ A inclinação do tronco é muito importante, pois isso lhe permitirá localizar melhor o esforço sobre toda a área dorsal. Se o tronco não estiver inclinado o suficiente, o esforço será feito sobre os trapézios.

Variante
Se você tiver problemas de equilíbrio, poderá utilizar um banco, o que lhe permitirá ficar mais estável e solicitar menos a parte inferior das costas.

1 Um joelho sobre o banco, a outra perna estendida com o pé bem apoiado no solo, a mão do lado do joelho que está sobre o banco também se apoia nele, a outra mão segura um haltere, braço flexionado.
2 Efetue o mesmo movimento de extensão do braço realizado na posição em pé.

92

"Remada" com halteres

COSTAS 1

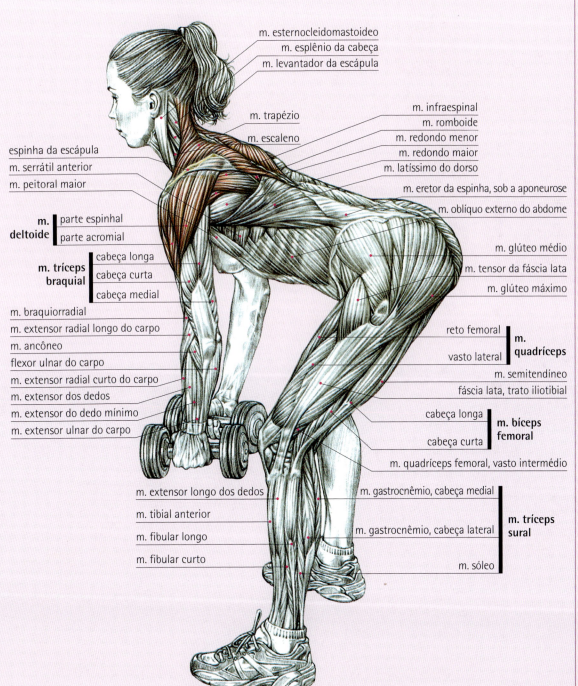

93

COSTAS

2 Flexão do tronco para frente com bastão

Trabalho dos músculos lombares e das costas. Este exercício permitirá que você alongue e trabalhe todos os músculos das costas e obtenha uma bela postura.

Não arqueie as costas. ▶

Separe ligeiramente os pés, na largura do quadril. ▶

1 De pé, pernas afastadas, pés paralelos, um bastão sobre as escápulas para manter as costas retas.

Não levante muito a cabeça.

2 Inspire e incline o tronco para frente, flexionando levemente os joelhos para descer em posição horizontal. Suba progressivamente, contraindo energicamente as nádegas e expirando durante a subida.

! Não arredonde as costas para evitar a compressão das vértebras.

Execute esse exercício lentamente, concentrando-se nas sensações musculares.

Variante
Efetue esse mesmo exercício, mas mantendo as pernas estendidas, o que lhe permitirá também alongar e trabalhar mais intensamente a parte posterior da coxa.

3 séries de 20 movimentos

Flexão do tronco para frente com bastão

2 COSTAS

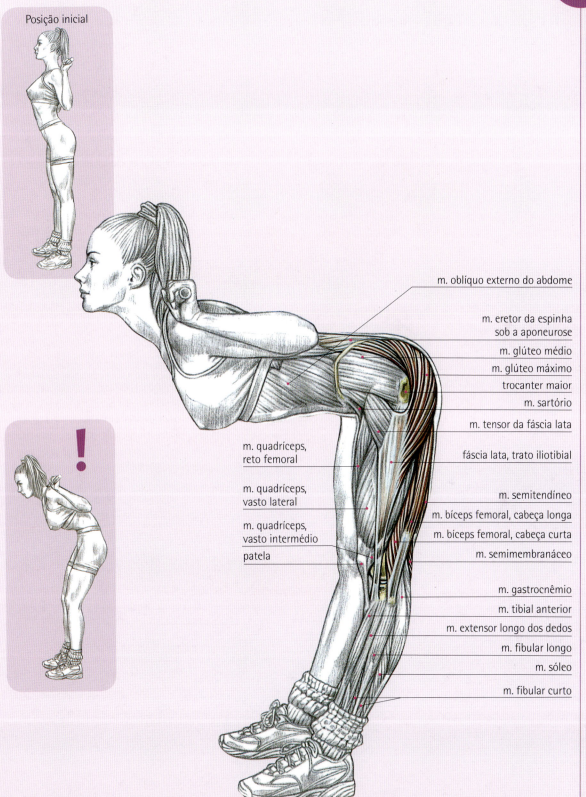

Posição inicial

3 — Extensão do tronco

COSTAS

Trabalho dos músculos lombares e da região escapular. Este exercício permitirá que você trabalhe toda a região lombar e também a escapular, isto é, os ombros e também os glúteos.

Não levante demais a cabeça a fim de não comprimir as cervicais. ▶

! Contraia os glúteos durante todo o exercício. Realizar as séries lentamente traz resultados melhores.

1 Deitada de bruços no chão, com a cabeça ligeiramente levantada, mãos nos ombros, pés e joelhos levemente levantados do chão.

Alongue os braços o máximo que puder. Isso permitirá que você obtenha uma musculação mais alongada e tonificada.

Variante
Efetue o mesmo exercício, mantendo as pernas estendidas, o que lhe permitirá também esticar e trabalhar mais intensamente a parte posterior da coxa.

2 Estenda os braços ao inspirar e estenda-os o máximo que puder para frente de modo a ter a sensação de alongá-los. Depois, volte à posição inicial, expirando e mantendo os pés e os joelhos levantados do chão.

3 séries de 20 movimentos

Extensão do tronco

3 COSTAS

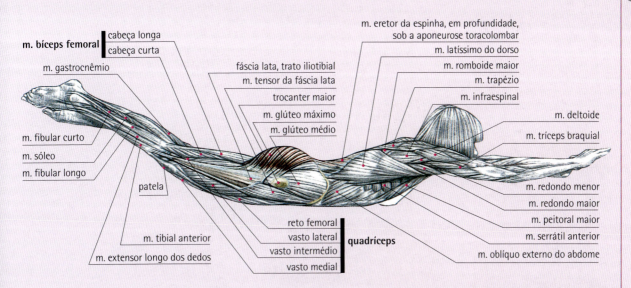

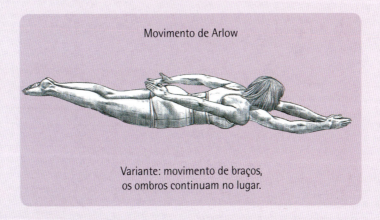

Movimento de Arlow

Variante: movimento de braços, os ombros continuam no lugar.

COSTAS

4 Rotação da pelve

Trabalho dos músculos vertebrais. É um exercício básico para o alongamento vertebral. Permite uma grande descontração muscular e alivia a dor nas costas.

! Atenção: este exercício não se destina a quem tem fragilidade nas costas.

1 Deitada de costas, braços abertos em cruz, palmas das mãos apoiadas sobre o solo, joelhos flexionados.

2 Inspire e relaxe lentamente a cabeça de um lado e depois desça progressivamente os joelhos no sentido oposto à cabeça. Expire e volte à posição inicial. Alterne o movimento.

◀ Firme os ombros no chão.

Antes de subir novamente as pernas, estendidas ou flexionadas, é importante contrair bem os abdominais para evitar que a região dorsal compense o movimento dos músculos vertebrais.

! Inspire e expire lentamente durante todo o exercício para uma melhor descontração muscular.

Variante
Quando estiver mais treinada, realize o mesmo exercício com as pernas estendidas para cima, sempre descendo lentamente as pernas de um lado e a cabeça de outro.

2 séries de 10 movimentos

Rotação da pelve 4

COSTAS

Posição inicial

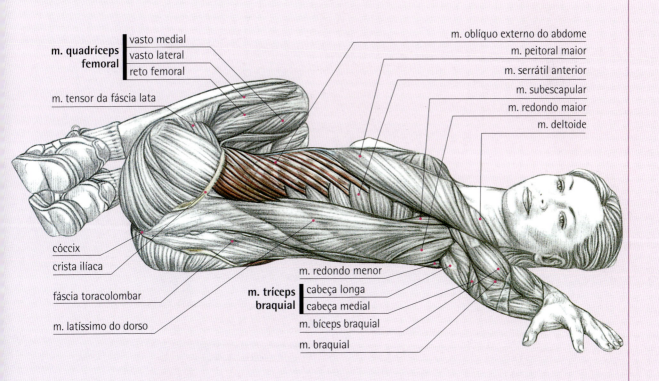

- m. quadríceps femoral
  - vasto medial
  - vasto lateral
  - reto femoral
- m. tensor da fáscia lata
- cóccix
- crista ilíaca
- fáscia toracolombar
- m. latíssimo do dorso
- m. oblíquo externo do abdome
- m. peitoral maior
- m. serrátil anterior
- m. subescapular
- m. redondo maior
- m. deltoide
- m. redondo menor
- m. tríceps braquial
  - cabeça longa
  - cabeça medial
- m. bíceps braquial
- m. braquial

99

GLÚTEOS

1 Avanço para frente com bastão

Trabalho dos glúteos máximos e das coxas. É um exercício excelente para obter não apenas sentido de equilíbrio, mas também coxas tonificadas e bem torneadas.

O bastão permite manter o tronco ereto e evita o arqueamento das costas.

1 De pé, pernas juntas, mãos nas extremidades de um bastão colocado sobre as escápulas (a fim de manter as costas eretas durante todo o exercício).

2 Inspire e realize uma flexão do joelho para frente, descendo o outro joelho até o solo, perna flexionada em ângulo reto, ponta do pé contra o solo. Mantenha o tronco ereto a fim de melhor repartir o peso do corpo sobre o glúteo e sobre o quadríceps. Retome a posição inicial, contraindo os abdominais e expirando. Alterne o movimento.

◀ O joelho alinhado com o tornozelo protege as articulações.

✋ 5 séries de 10 movimentos

> A maior parte do peso do corpo fica apoiada sobre uma única perna e, por esse motivo, aconselha-se a quem tem joelhos frágeis que execute os avanços com cautela.

Variante

As que realizam treinamento mais avançado podem executar o mesmo exercício, mas estendendo a perna colocada atrás. Isso exigirá ainda mais dos glúteos máximos.

✋ 3 séries de 15 movimentos

100

Avanço para frente com bastão

GLÚTEOS

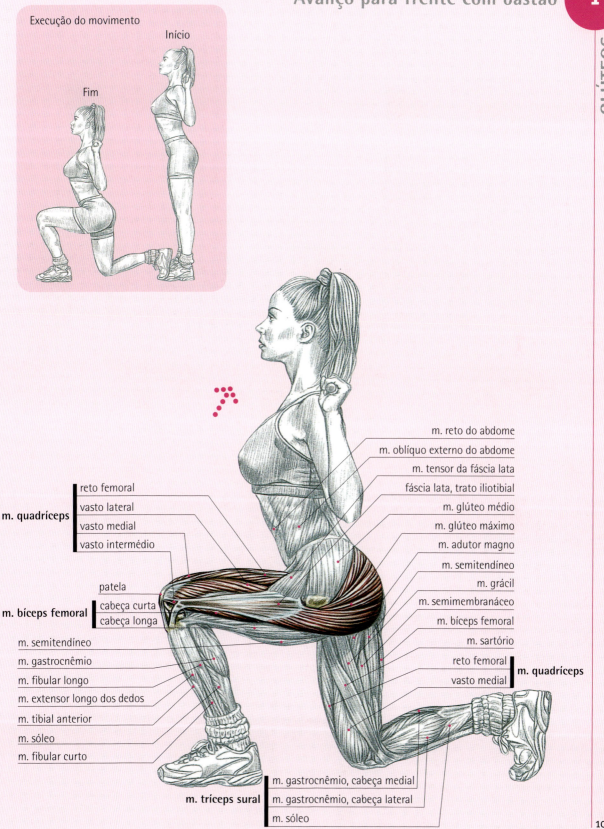

GLÚTEOS

2 Subida no banco

Trabalho dos glúteos máximos e do quadríceps. Este é um exercício excelente que possibilita fortalecer a tonicidade das coxas e dos glúteos, e também fortalecer o sistema cardiovascular.

Os braços cruzados diante do peito possibilitam trabalhar melhor os glúteos sem contrair demais as costas.

! É importante coordenar a subida no banco e a respiração para obter um trabalho melhor: o ritmo do movimento aumenta o dinamismo.

1 Um pé apoiado sobre um banco, braços cruzados diante do peito sem tocá-lo, cabeça no prolongamento do corpo.

2 Inspire e, depois, expirando, suba no banco, com uma perna ligeiramente para trás a fim de manter o equilíbrio; contraia os abdominais e os glúteos. Desça do banco inspirando e apoiando bem a sola do pé no chão. Repita o movimento continuamente e, depois, alterne o lado.

(v) **Variante**
Para mais estabilidade, você também pode realizar esse exercício com um bastão apoiado sobre as escápulas, o que possibilita manter as costas bem retas.

3 séries de 20 movimentos

102

Subida no banco 2

GLÚTEOS

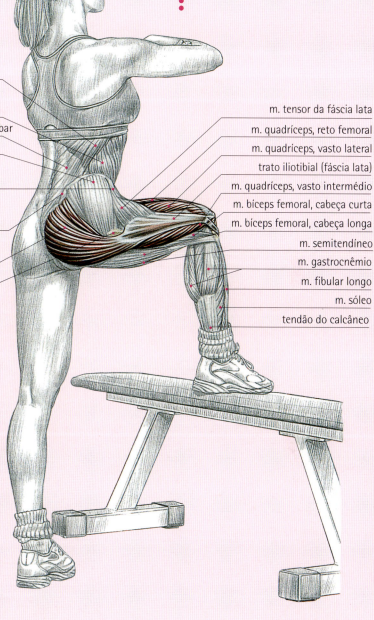

- m. latíssimo do dorso
- m. oblíquo externo do abdome
- aponeurose toracolombar
- m. glúteo médio
- espinha ilíaca ântero-superior
- espinha ilíaca póstero-superior
- m. glúteo máximo
- trocanter maior
- m. tensor da fáscia lata
- m. quadríceps, reto femoral
- m. quadríceps, vasto lateral
- trato iliotibial (fáscia lata)
- m. quadríceps, vasto intermédio
- m. bíceps femoral, cabeça curta
- m. bíceps femoral, cabeça longa
- m. semitendíneo
- m. gastrocnêmio
- m. fibular longo
- m. sóleo
- tendão do calcâneo

Fim do movimento

103

GLÚTEOS

3 Agachamento com haltere

Trabalho dos glúteos. Os músculos glúteos são os músculos mais fortes do corpo e, assim, para fazê-los trabalhar com eficácia é preciso utilizar cargas maiores (aqui, um haltere de cerca de 12 quilos).

! Mantenha a cabeça no prolongamento do corpo para evitar qualquer tensão cervical e nunca arredonde a parte inferior das costas.

Desça bem os glúteos para trás.

1 De pé, pernas bem afastadas, pés paralelos, braços relaxados entre as pernas, um haltere nas mãos.

2 Inspire e incline o tronco para frente, flexionando os joelhos a fim de descer o haltere até o chão. Suba expirando e contraindo os glúteos para não forçar a parte inferior das costas.

 3 séries de 12 movimentos

Agachamento com haltere 3

GLÚTEOS

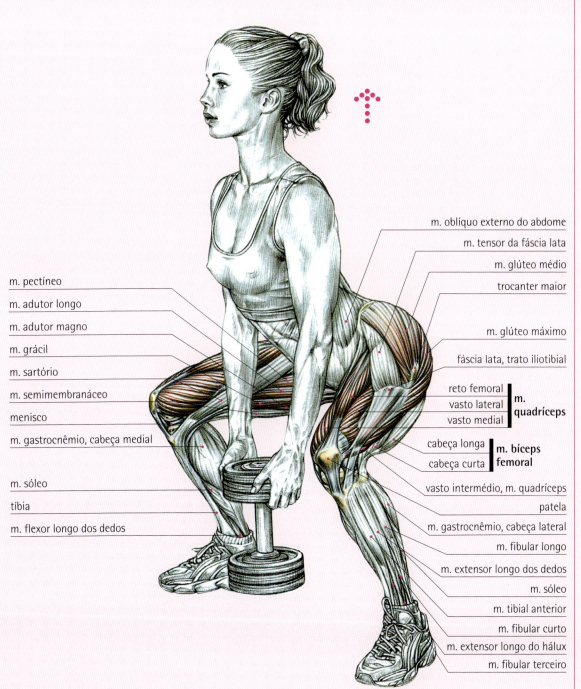

4 Posteriores da coxa

GLÚTEOS

Trabalho dos músculos das coxas e dos glúteos. Este exercício reforça e tonifica a parte posterior das coxas e os glúteos e permite obter um belo contorno, pronunciado sem exagero.

! **É importante manter a perna flexionada durante todo o exercício.**

◀ Mantenha a cabeça no prolongamento do corpo para não comprimir as vértebras cervicais.

1 De joelhos, cotovelos apoiados no solo, cabeça no prolongamento do corpo.

2 Inspire e flexione uma perna, tentando tocar o glúteo com o calcanhar. Expire descendo o joelho até o solo. Alterne o movimento.

É importante realizar esse exercício lenta e progressivamente para melhor sentir a contração do glúteo máximo e dos posteriores da coxa.

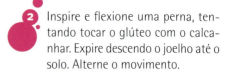 4 séries de 15 movimentos

Posteriores da coxa

Variante

Você pode realizar esse exercício com a perna estendida, na posição de partida.

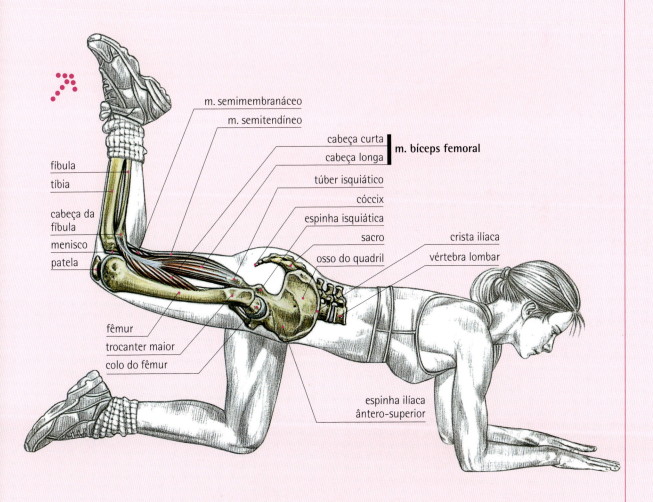

107

GLÚTEOS

5 Elevação da pelve

Trabalho dos posteriores da coxa e dos glúteos máximos. Fácil e eficaz, o levantamento da pelve no solo entra na composição da maioria das sessões de ginástica praticadas em grupo.

1 Deitada de costas, pés apoiados no solo, braços ao longo do corpo, pés bem paralelos.

Feche os joelhos para melhor contração dos abdominais e dos adutores.

Contraia bem os glúteos para não solicitar as vértebras lombares.

2 Inspire e levante os glúteos o máximo possível, mantenha a posição durante alguns segundos para aumentar a sensação da contração, depois desça lentamente os glúteos, expirando, não toque o solo e recomece.

Este exercício é praticado em séries longas, sendo essencial sentir bem a contração dos músculos no final do levantamento da pelve.

Variante
Para um trabalho mais intenso, você pode realizar esse exercício estendendo uma perna na horizontal, contraindo ainda mais os glúteos.

3 séries de 20 movimentos

Elevação da pelve

GLÚTEOS

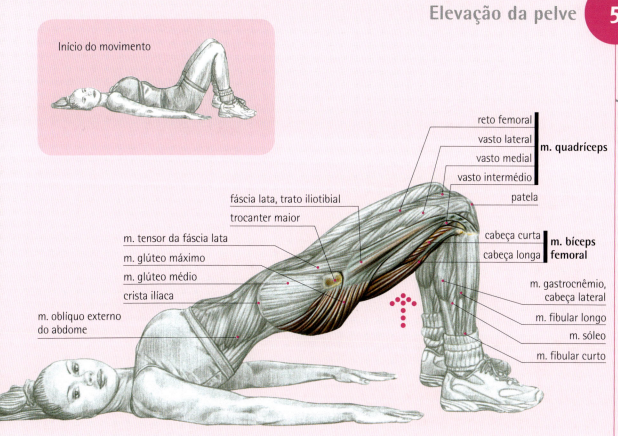

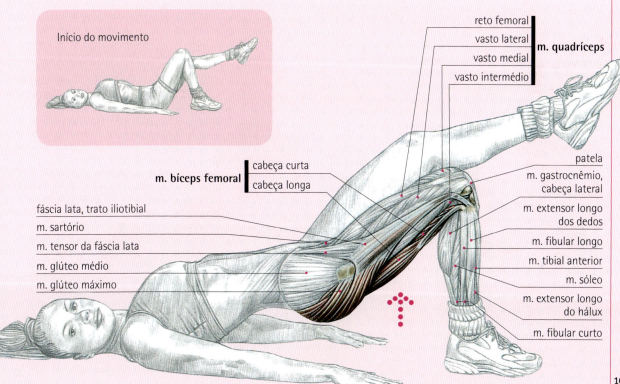

109

6 · Elevação da pelve com os pés no banco

GLÚTEOS

Trabalho dos glúteos máximos e dos posteriores da coxa. Este exercício é ideal para tonificar a parte inferior dos glúteos, aquilo que se chama popularmente de glúteos "em gota de óleo".

1 Deitada de costas, braços ao longo do corpo, palmas das mãos apoiadas no solo, cabeça no prolongamento do corpo, pés apoiados sobre um banco.

Durante o exercício, contraia ao máximo os glúteos e os abdominais para não compensar com a parte inferior das costas.

2 Inspire e levante os glúteos o máximo que lhe for possível. Mantenha essa posição durante alguns segundos; expirando, desça os glúteos até o solo. Recomece.

Mantenha a cabeça e os ombros bem apoiados no solo.

3 séries de 15 movimentos

110

Elevação da pelve com os pés no banco

6

GLÚTEOS

Início do movimento

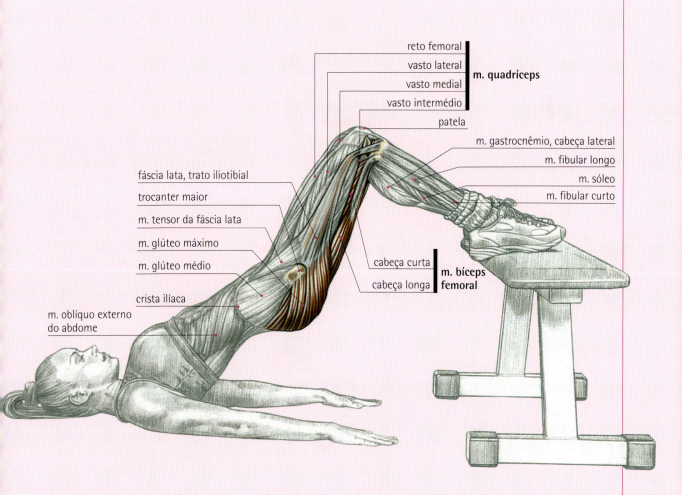

7 Elevação lateral da coxa

Trabalho dos glúteos médios e mínimos e dos músculos externos do quadril.
Este exercício permitirá que você tonifique e afine toda a parte lateral dos glúteos, chamada popularmente de "culote".

! A abdução do quadril é fisiologicamente limitada pelo colo do fêmur, que encontra a borda do acetábulo, e, portanto, é inútil forçar tentando levar a coxa acima da horizontal.

> Sua facilidade de execução e sua eficácia tornaram este exercício muito popular. Ele é frequentemente utilizado nas aulas coletivas.

Mantenha o pé flexionado para alongar e afinar a panturrilha.

1 De joelhos, braços esticados, mãos apoiadas no solo, ligeiramente mais afastadas do que a largura dos ombros. Inspire e efetue uma elevação lateral com a perna flexionada, pé flexionado e joelho na altura do quadril. Depois, estique a perna.

A posição do pé flexionado permite contrair menos a coxa e concentrar o movimento sobre os glúteos e os culotes.

Contrair bem os abdominais possibilita manter o abdome e o peito voltados para o chão e evita a torsão das costas.

2 Flexione novamente o joelho e volte, expirando, à posição inicial.

 3 séries de 20 movimentos

Elevação lateral da coxa　　7

GLÚTEOS

Início do movimento

- m. sartório
- m. tensor da fáscia lata
- m. glúteo médio
- m. oblíquo externo do abdome
- m. glúteo máximo
- trato iliotibial (fáscia lata)
- m. quadríceps, vasto lateral
- patela
- m. fibular longo
- m. extensor longo dos dedos
- m. tibial anterior
- m. sóleo
- m. gastrocnêmio
- m. quadríceps, reto femoral
- m. quadríceps, vasto medial
- m. adutor longo
- m. grácil

113

GLÚTEOS

8 Abdução do quadril

Trabalho dos glúteos médios e mínimos. Este exercício é ideal para tonificar e tornear a parte superior do quadril, a fim de eliminar o nada gracioso "culote".

Apoie o cotovelo contra o tronco e contraia os abdominais.

1 Deitada de lado, pernas estendidas no prolongamento do corpo, um cotovelo apoiado no solo, cabeça apoiada na palma da mão, e o outro braço flexionado diante dos abdominais, com a mão apoiada no solo para mais estabilidade.

2 Inspire e suba uma perna estendida, pé flexionado, contraindo os abdominais e os glúteos para evitar a abertura da pelve. Expire ao voltar à posição inicial.

Alterne 4 séries de 20 repetições.

Mantenha o pé flexionado para estender e alongar a perna.

▼ Não levante a perna alto demais.

> Durante o exercício, mantenha o pé bem flexionado, o que permite focar o trabalho no glúteo (culote) e não no quadríceps.

114

Abdução do quadril 8

GLÚTEOS

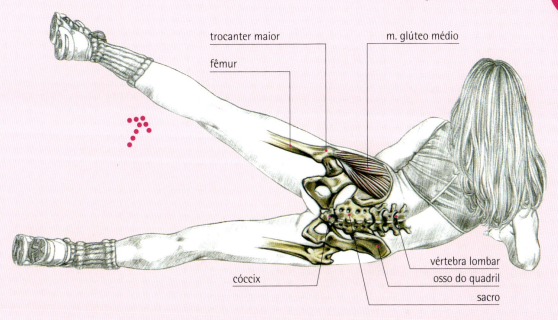

- trocanter maior
- m. glúteo médio
- fêmur
- vértebra lombar
- cóccix
- osso do quadril
- sacro

Execução do movimento

Os três modos de levantar a perna

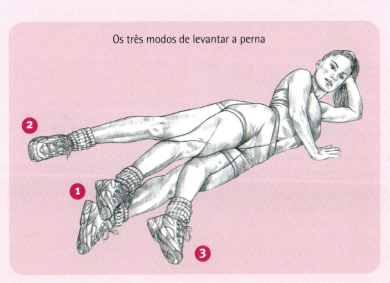

Zonas solicitadas

1 - perna levantada verticalmente
2 - perna levantada ligeiramente para trás
3 - perna levantada ligeiramente para frente

115

9 Extensão da perna sobre o banco

Trabalho do glúteo médio. Estes exercícios permitem tonificar e modelar os glúteos e podem ser praticados em série completa ou alternados.

GLÚTEOS

3 séries de 20 movimentos de cada lado

Contraia os abdominais para não compensar exageradamente sobre as lombares. Mantenha a cabeça no prolongamento do corpo, olhando para frente para aliviar as cervicais.

1 De joelhos sobre um banco, braços estendidos, mãos apoiadas sobre a borda, uma perna ao lado do banco.

2 Inspire e levante uma perna, estendida, o mais alto possível, contraindo os glúteos para aliviar a região inferior das vértebras lombares. Expire, descendo lentamente a perna, agora flexionada, sob o peito. Alterne o movimento.

Contraia os glúteos para relaxar a área lombar.

Levante a perna o mais alto possível.

Variante
Realize o mesmo exercício no solo, com os braços flexionados.

! É importante delimitar bem a amplitude do movimento a fim de não compensar com os dorsais.

116

Extensão da perna sobre o banco — 9

GLÚTEOS

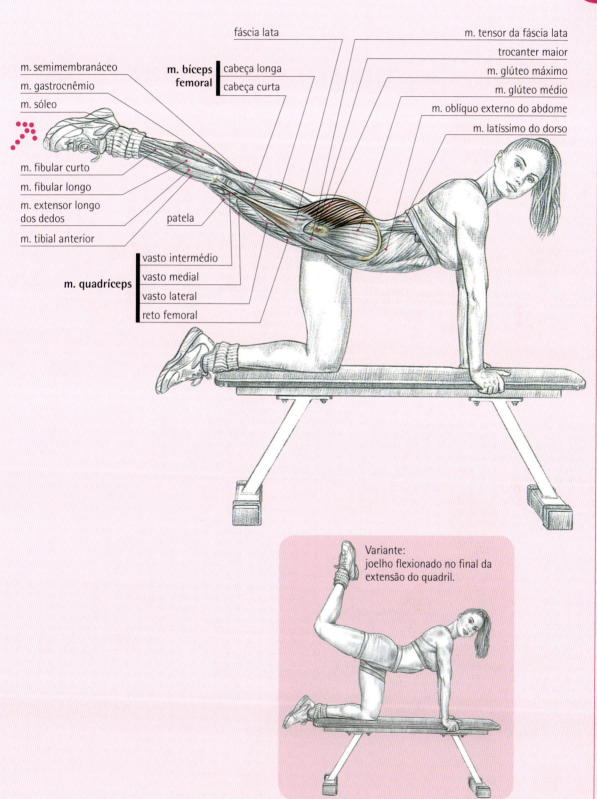

Variante: joelho flexionado no final da extensão do quadril.

10 — Posteriores da coxa no banco com haltere

GLÚTEOS

Trabalho dos posteriores da coxa. Este exercício permite trabalhar os posteriores da coxa, isto é, a parte posterior das pernas e dos glúteos a fim de bem torneá-los.

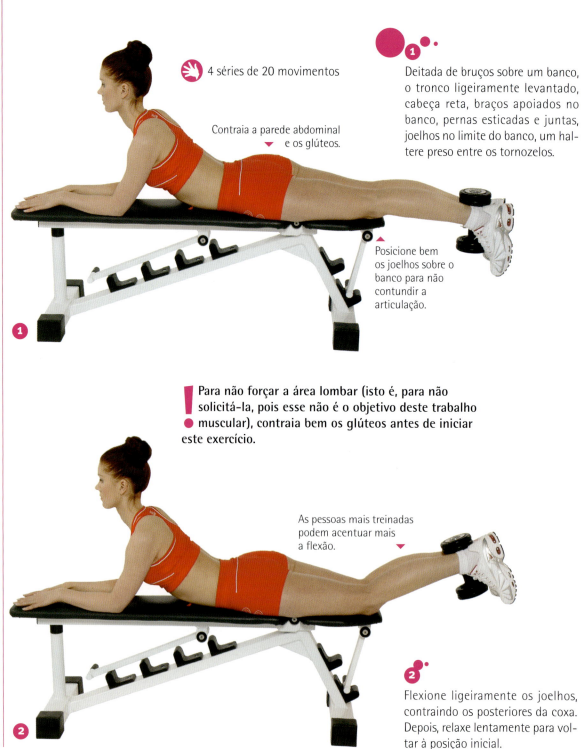

4 séries de 20 movimentos

Contraia a parede abdominal e os glúteos.

1 Deitada de bruços sobre um banco, o tronco ligeiramente levantado, cabeça reta, braços apoiados no banco, pernas esticadas e juntas, joelhos no limite do banco, um haltere preso entre os tornozelos.

Posicione bem os joelhos sobre o banco para não contundir a articulação.

! Para não forçar a área lombar (isto é, para não solicitá-la, pois esse não é o objetivo deste trabalho muscular), contraia bem os glúteos antes de iniciar este exercício.

As pessoas mais treinadas podem acentuar mais a flexão.

2 Flexione ligeiramente os joelhos, contraindo os posteriores da coxa. Depois, relaxe lentamente para voltar à posição inicial.

118

Posteriores da coxa no banco com haltere — 10

GLÚTEOS

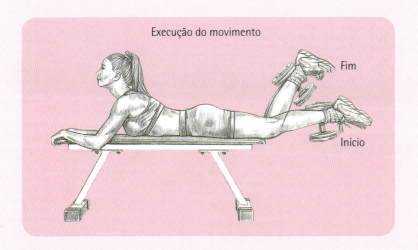

Execução do movimento
Início
Fim

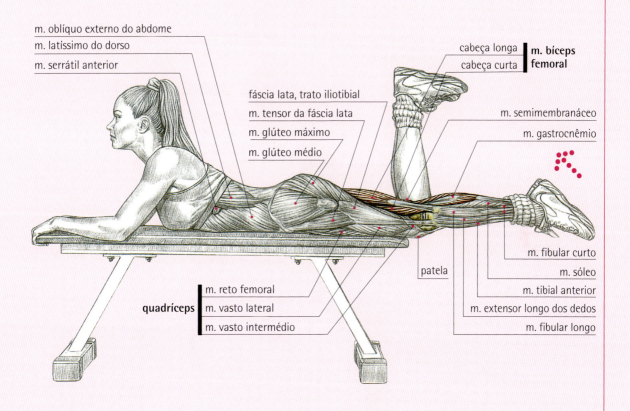

- m. oblíquo externo do abdome
- m. latíssimo do dorso
- m. serrátil anterior
- fáscia lata, trato iliotibial
- m. tensor da fáscia lata
- m. glúteo máximo
- m. glúteo médio
- cabeça longa | m. bíceps femoral
- cabeça curta
- m. semimembranáceo
- m. gastrocnêmio
- m. fibular curto
- m. sóleo
- patela
- m. tibial anterior
- m. extensor longo dos dedos
- m. fibular longo
- quadríceps | m. reto femoral
- m. vasto lateral
- m. vasto intermédio

119

11 Extensão do quadril

GLÚTEOS

Trabalho do glúteo máximo. Este é um exercício excelente, fácil de executar e que permite firmar os glúteos, tonificando todos os músculos da perna.

Mantenha a cabeça no prolongamento do corpo.

Os braços na horizontal proporcionam mais equilíbrio.

1 De pé, pernas estendidas e fechadas, braços ao longo do corpo.

2 Apoiada em uma perna, quadril ligeiramente inclinado para frente, braços na horizontal, estenda a outra perna levemente para trás, com a ponta do pé voltada para o chão. Suba a perna estendida o máximo possível, contraindo bem os glúteos. Mantenha a posição por alguns segundos e relaxe lentamente para depois voltar à posição inicial. Trabalhe a outra perna.

3 séries de 15 movimentos

Para um melhor trabalho do glúteo máximo, faça este exercício até sentir uma queimação.

! Mantenha o quadril bem firme para não forçar as lombares.

(Variante)

Para evitar os problemas de equilíbrio, esse exercício pode ser realizado com o apoio de um bastão.
Você também pode flexionar a perna à frente e, depois, estendê-la para trás (conforme o desenho na próxima página).

Extensão do quadril 11

GLÚTEOS

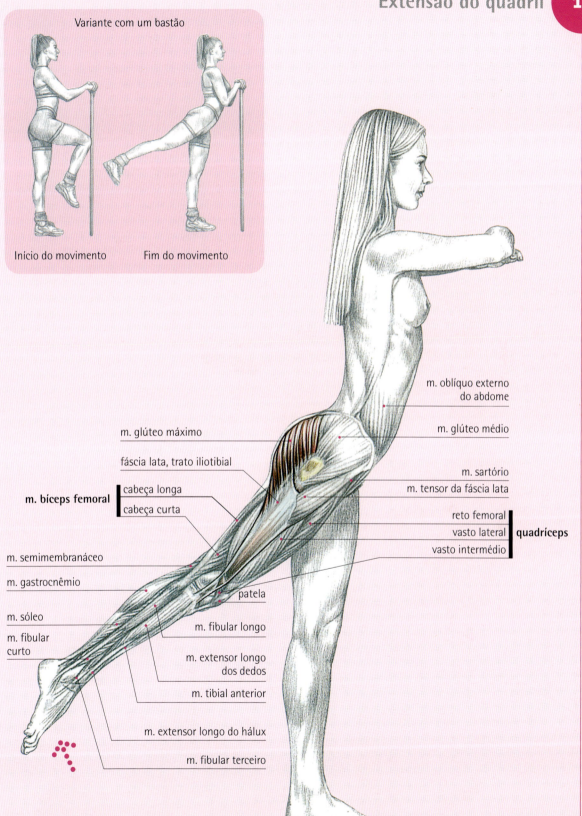

Variante com um bastão
- Início do movimento
- Fim do movimento

- m. oblíquo externo do abdome
- m. glúteo máximo
- m. glúteo médio
- fáscia lata, trato iliotibial
- m. sartório
- m. tensor da fáscia lata
- m. bíceps femoral
  - cabeça longa
  - cabeça curta
- reto femoral
- vasto lateral
- vasto intermédio
- **quadríceps**
- m. semimembranáceo
- m. gastrocnêmio
- patela
- m. sóleo
- m. fibular longo
- m. fibular curto
- m. extensor longo dos dedos
- m. tibial anterior
- m. extensor longo do hálux
- m. fibular terceiro

121

12 Alongamento dos glúteos

Trabalho dos glúteos. Todos estes exercícios de alongamento permitem fortalecer e alongar suavemente, com grandes benefícios para os glúteos e alívio das lombares.

Mantenha a cabeça no prolongamento do corpo.

Mantenha a posição por 15 a 20 segundos.

a Sentada no solo, uma perna estendida e a outra flexionada por cima da perna estendida. Realize uma torsão do tronco para levar o braço oposto sobre a perna flexionada. Posicione a outra mão como apoio atrás do glúteo para ter mais estabilidade. Apoie ligeiramente o braço contra o joelho para obter um alongamento ideal do glúteo. Vire a cabeça acima do ombro e permaneça nessa posição por alguns segundos, inspirando e expirando lentamente. Faça o mesmo com a outra perna.

Leve o joelho em direção ao peito.

b Sentada no solo, uma perna estendida e a outra flexionada sobre o abdome, uma mão no lado externo do joelho e a outra no pé. Inspire e leve gradativamente o pé até o ombro oposto a fim de alongar e de localizar bem esse alongamento sobre o glúteo. Expire, relaxe e volte à posição inicial. Realize várias vezes o exercício, incluindo um tempo de recuperação entre cada série.

(Variante)
Quem tem problemas nas costas pode realizar esse exercício deitada no chão.

Alongamento dos glúteos 12

GLÚTEOS

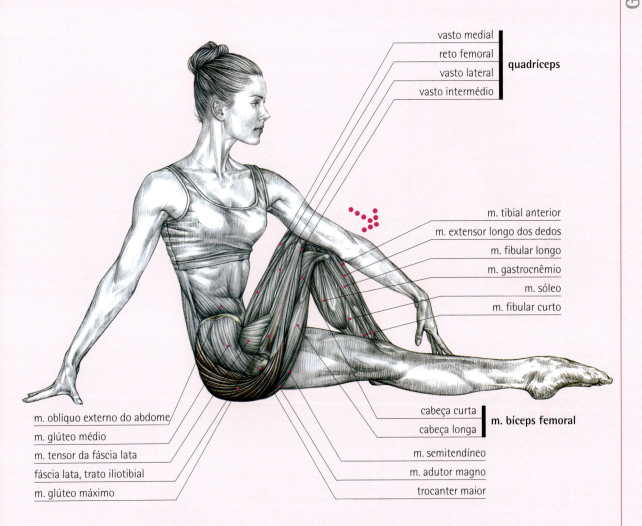

13 Alongamento dos posteriores das coxas

GLÚTEOS

Alongamentos dos músculos das pernas. Estes exercícios fazem parte das sessões de alongamento e de aquecimento e permitem que você alongue os músculos da parte posterior das pernas.

↻ Mantenha a posição por 20 a 30 segundos.

! É importante não forçar ao realizar esse exercício.

a Deixe a cabeça pender, relaxando os músculos das costas.

a De pé, pernas juntas, tronco inclinado para frente, palmas das mãos apoiadas no solo na frente dos pés. Relaxe a cabeça a fim de soltar bem a região cervical.

(Variante) Realize o mesmo exercício, mas segurando os tornozelos.

Coloque as mãos nos tornozelos ou nas panturrilhas se não tiver flexibilidade suficiente para apoiar as mãos no solo.

(Variante) Sentada no chão, pernas estendidas, tronco ligeiramente inclinado para frente, cabeça no prolongamento do corpo, mãos sobre as pontas dos pés ou nas pernas, dependendo de sua flexibilidade. Tente manter a posição, respirando lentamente durante todo o exercício. Para soltar toda a parte dorsal e acentuar o alongamento, incline o tronco mais para frente apoiando o peito sobre as coxas.
Quem tiver dificuldade pode tirar os calcanhares do chão, a fim de alongar ainda mais os músculos das panturrilhas.

Todos os exercícios de alongamento são realizados respirando-se lenta e progressivamente.

Alongamento dos posteriores das coxas   13

GLÚTEOS

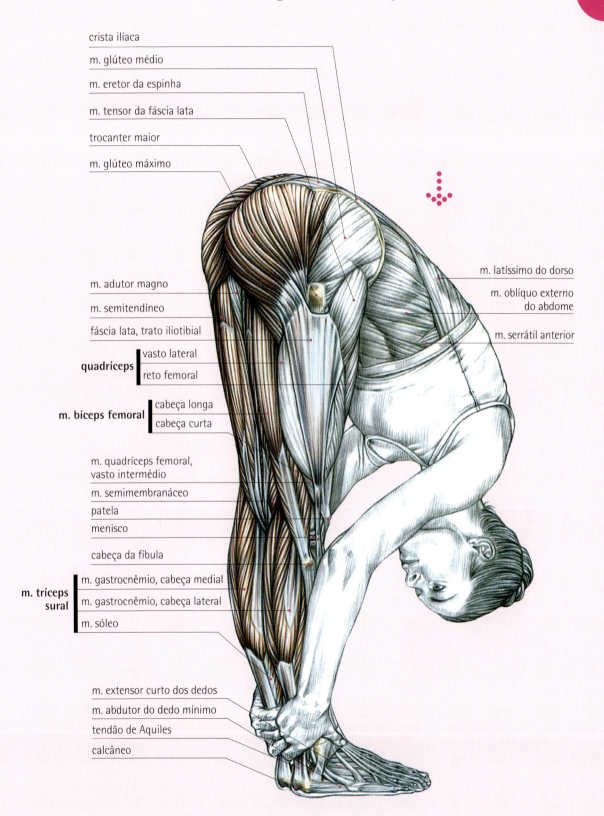

- crista ilíaca
- m. glúteo médio
- m. eretor da espinha
- m. tensor da fáscia lata
- trocanter maior
- m. glúteo máximo
- m. adutor magno
- m. semitendíneo
- fáscia lata, trato iliotibial
- quadríceps
  - vasto lateral
  - reto femoral
- m. bíceps femoral
  - cabeça longa
  - cabeça curta
- m. quadríceps femoral, vasto intermédio
- m. semimembranáceo
- patela
- menisco
- cabeça da fíbula
- m. tríceps sural
  - m. gastrocnêmio, cabeça medial
  - m. gastrocnêmio, cabeça lateral
  - m. sóleo
- m. extensor curto dos dedos
- m. abdutor do dedo mínimo
- tendão de Aquiles
- calcâneo
- m. latíssimo do dorso
- m. oblíquo externo do abdome
- m. serrátil anterior

125

14 Alongamento dos posteriores das coxas

Trabalho dos posteriores das coxas e dos glúteos. Esta série de exercícios trabalha suavemente os músculos das pernas. Podem também ser utilizados nas sessões de aquecimento.

↻ Mantenha a posição por 20 a 30 segundos.

> Durante estes movimentos de alongamento, realize os exercícios progressivamente, segundo sua capacidade e suas sensações.

a De pé, flexione uma perna, inclinando o tronco para frente, costas bem retas, coloque a outra perna à sua frente, com o pé flexionado e as mãos sobre a coxa estendida. Mantenha a cabeça no prolongamento do corpo e respire lentamente durante alguns segundos. Faça o mesmo com a outra perna.

Não arqueie as costas. ▼

b De joelhos, uma perna estendida à sua frente, com o pé flexionado, tronco inclinado para frente, mãos bem apoiadas no chão de cada lado da perna estendida e a cabeça no prolongamento do corpo. Respire lentamente por alguns segundos.

Quem é mais treinada pode colocar os braços mais para frente para alongar a dorsal.

c Sentada no chão, uma perna estendida, a outra perna flexionada, sola do pé apoiada no lado interno da coxa oposta. Incline o tronco, levando o peito para frente, e segure a ponta do pé da perna estendida. Mantenha essa posição durante alguns segundos a fim de alongar toda a parte posterior da coxa e a parte inferior das costas, inspirando e expirando lentamente. Volte à posição inicial. Alterne os lados.

Alongamento dos posteriores das coxas

14

Firme as escápulas uma contra a outra mantendo os braços estendidos a fim de acentuar o alongamento. ▶

d De joelhos, uma perna flexionada à frente, mãos sobre os joelhos. Incline ao máximo o quadril para frente a fim de alongar o psoas. Inspire e expire progressivamente durante todo o exercício.

GLÚTEOS

! Depois de o quadril estar voltado ao máximo para frente, o joelho não deve ficar à frente do tornozelo, para evitar que todo o peso do corpo apoie-se sobre a articulação do joelho.

▲ Alongamento do psoas e do posterior da coxa.

e Deitada de costas, uma perna estendida no chão, a outra estendida à sua frente. Tente pegar o tornozelo (ou a panturrilha, dependendo de sua flexibilidade), mantendo a perna estendida. Expire e inspire lentamente durante o exercício. Mantenha a posição por alguns segundos e, depois, faça o mesmo com a outra perna.
Quem tem mais flexibilidade pode segurar diretamente o pé para alongar-se.

Mantenha o pé no prolongamento da perna. ▼

▲ Deixe os ombros e as costas bem apoiados no chão.

(Variante)
Deitada de costas, flexione uma perna, levando o joelho em direção ao peito. Mantenha a posição por alguns segundos, segurando o joelho com as mãos. Inspire e expire progressivamente para extrair o máximo do relaxamento.

f De pé, tronco bem reto, uma perna estendida, a outra flexionada sobre o peito, as duas mãos ao redor do joelho. Inspire e expire lentamente, tentando levar o joelho o mais perto possível do peito. Mantenha a posição por 20 a 30 segundos e, depois, relaxe calmamente. Alterne com a outra perna.

127

COXAS

1 Agachamento

O agachamento é o movimento principal do fisioculturismo. Solicita grande parte do sistema muscular e também é excelente para o sistema cardiovascular, permitindo obter um bom desenvolvimento torácico e, consequentemente, uma boa capacidade respiratória.

🖐 3 séries de 15 movimentos

❗ Não apoie a barra sobre as cervicais, pois isso pode provocar dores no pescoço.

Apoie a barra sobre as omoplatas para ter mais estabilidade. ▼

1 Com a barra apoiada no suporte, deslize sob ela e coloque-a sobre os trapézios, um pouco mais alto que os deltoides posteriores. Segure bem a barra com as mãos e leve os cotovelos para trás. Inspire fortemente (para manter uma pressão intratorácica que impedirá que o tronco caia para frente), arqueie ligeiramente as costas, realizando uma anteversão do quadril, contraia a parede abdominal, olhe diretamente para frente e tire a barra do suporte. Dê um ou dois passos. Pare com os pés paralelos, separados a uma distância ligeiramente maior que o quadril. Expire.

◀ Os glúteos na altura dos joelhos permitem focar melhor essa parte.

2 Desça flexionando as pernas em ângulo reto e inclinando as costas para frente, controlando a descida, sem nunca arredondar a coluna vertebral para evitar traumatismos nas costas e no quadril. Quando os fêmures chegarem à horizontal, realize uma extensão das pernas, endireitando o tronco, para voltar à posição inicial. Inspire progressivamente ao descer, para oxigenar bem o músculo, e expire ao subir, para obter uma melhor contração.

> O agachamento trabalha principalmente os quadríceps, os glúteos, a massa dos adutores, os músculos eretores da espinha, os abdominais e, também, os posteriores da coxa.

Agachamento

1

COXAS

Agachamento horizontal tradicional

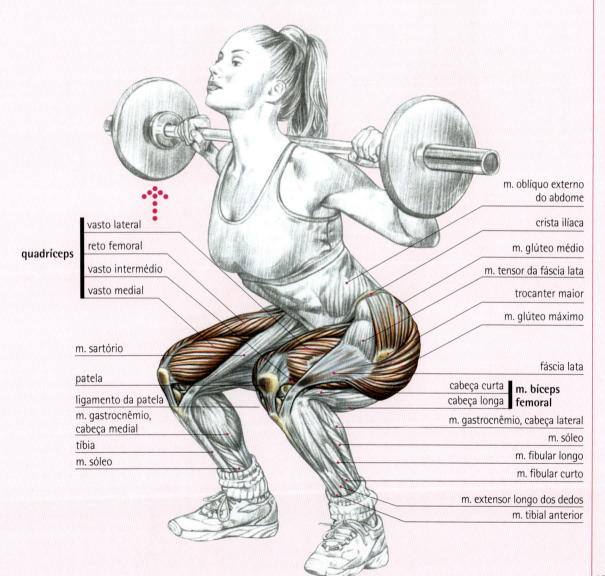

quadríceps:
- vasto lateral
- reto femoral
- vasto intermédio
- vasto medial

m. sartório
patela
ligamento da patela
m. gastrocnêmio, cabeça medial
tíbia
m. sóleo

m. oblíquo externo do abdome
crista ilíaca
m. glúteo médio
m. tensor da fáscia lata
trocanter maior
m. glúteo máximo
fáscia lata
m. bíceps femoral:
- cabeça curta
- cabeça longa
m. gastrocnêmio, cabeça lateral
m. sóleo
m. fibular longo
m. fibular curto
m. extensor longo dos dedos
m. tibial anterior

COXAS

2 Agachamento com a barra na frente

Trabalho dos quadríceps e dos glúteos. Movimento completo, este exercício também solicita os músculos glúteos, os posteriores da coxa, os músculos da parede abdominal e os músculos eretores da espinha.

Aumente a carga segundo seu nível de capacidade.

Para evitar cair para frente é essencial que, ao executar o agachamento com a barra na frente, você mantenha os cotovelos o mais alto possível, coloque o peito para frente e arqueie ligeiramente as costas.

Os cotovelos devem estar o mais alto possível.

As coxas ficam na horizontal.

Mantenha o tronco o mais reto possível.

1 De pé, pernas afastadas, calcanhares elevados sobre um apoio, coloque uma barra com pesos (a carga deve corresponder a seu nível de capacidade) sobre a parte anterior dos ombros, mantendo os cotovelos na mesma altura, a cabeça no prolongamento do corpo e as mãos em pronação. A barra colocada na frente obriga a manter o tronco reto, o que concentra grande parte do trabalho sobre os quadríceps.

2 Inspire e desça os glúteos até ficarem na mesma altura dos joelhos, inclinando ligeiramente o tronco. Suba lentamente, expirando e contraindo os glúteos.

3 séries de 12 movimentos

! Não desça demais os glúteos para não traumatizar a articulação dos joelhos.

Agachamento com a barra na frente

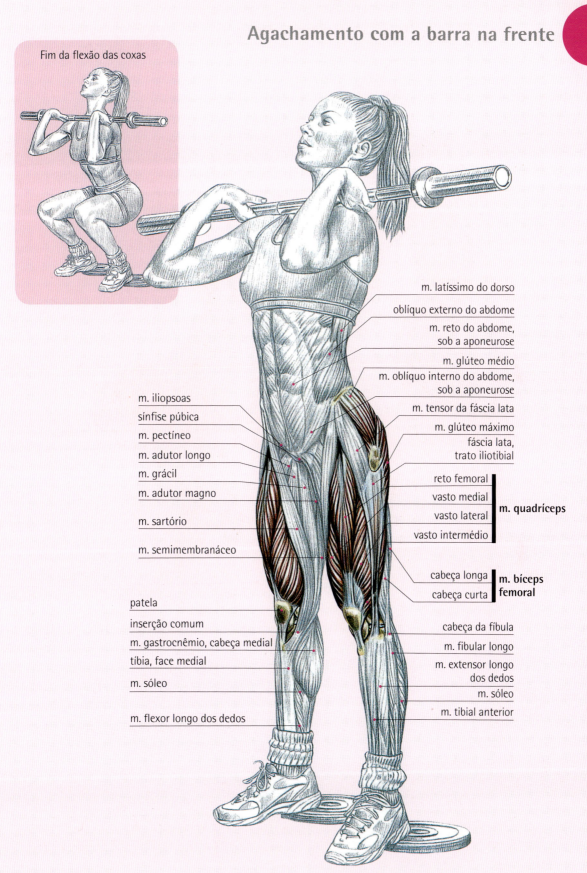

COXAS

Fim da flexão das coxas

3 — Flexão dos joelhos com halteres

COXAS

Trabalho dos glúteos e dos quadríceps. Este é um exercício completo que trabalha principalmente os glúteos e as coxas, mas que também tonifica os braços.

◀ Mantenha as costas e a cabeça retas.

Preste atenção para manter os halteres na altura dos músculos das pernas, para não traumatizar as articulações.

Não arqueie as ▼ costas.

1 De pé, pés ligeiramente afastados na largura dos quadris para ter mais estabilidade, um haltere em cada mão.

2 Flexione os joelhos, inclinando o tronco para frente e levando os glúteos para trás a fim de descer as coxas praticamente na horizontal. Depois, volte à posição inicial, contraindo os glúteos e levantando o tronco enquanto firma as escápulas uma contra a outra para aliviar o alto dos trapézios e trabalhar também o meio das costas.

3 séries de 15 movimentos

Flexão dos joelhos com halteres 3

COXAS

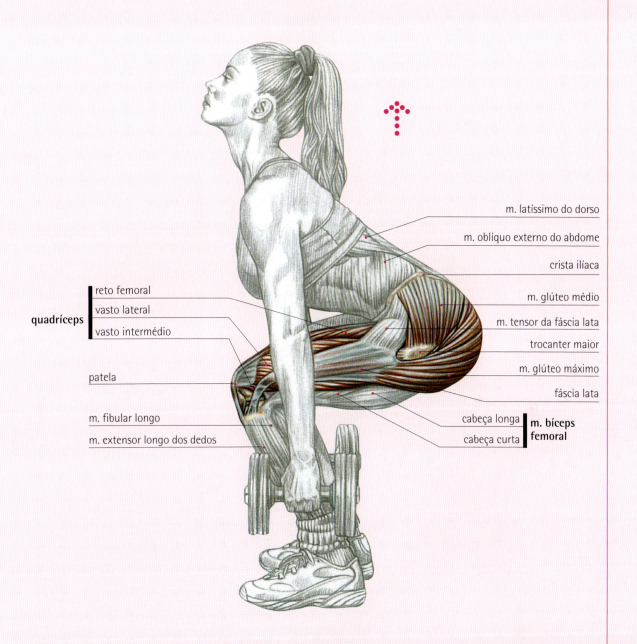

133

4 Avanços laterais com halteres

COXAS

Trabalho dos glúteos e dos quadríceps. Este é um exercício completo que possibilita tonificar os glúteos e o interior das coxas.

> É importante deixar os pés bem apoiados no solo para não traumatizar os tornozelos e inclinar o tronco para frente, durante a flexão, para não tracionar excessivamente as lombares.

1 De pé, pernas ligeiramente afastadas, um haltere em cada mão, braços estendidos para frente, tronco bem reto. Efetue um avanço lateral, flexionando uma perna e mantendo a outra estendida para alongar bem os adutores.

◀ Contraia os abdominais.

2 Retorne à posição inicial, contraindo os abdominais e os glúteos a fim de não traumatizar a parte inferior das costas; inspire ao descer e expire ao subir. Alterne o movimento.

3 séries de 15 movimentos

Avanços laterais com halteres   4

COXAS

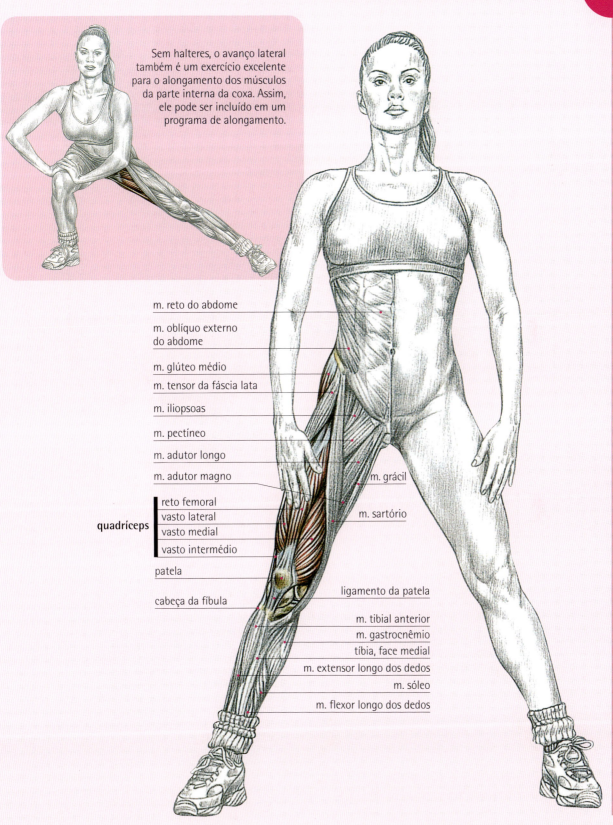

Sem halteres, o avanço lateral também é um exercício excelente para o alongamento dos músculos da parte interna da coxa. Assim, ele pode ser incluído em um programa de alongamento.

- m. reto do abdome
- m. oblíquo externo do abdome
- m. glúteo médio
- m. tensor da fáscia lata
- m. iliopsoas
- m. pectíneo
- m. adutor longo
- m. adutor magno
- quadríceps
  - reto femoral
  - vasto lateral
  - vasto medial
  - vasto intermédio
- patela
- cabeça da fíbula
- m. grácil
- m. sartório
- ligamento da patela
- m. tibial anterior
- m. gastrocnêmio
- tíbia, face medial
- m. extensor longo dos dedos
- m. sóleo
- m. flexor longo dos dedos

135

5. Agachamento com pernas separadas

COXAS

Trabalho dos adutores e dos glúteos. Bem semelhante ao agachamento clássico, este movimento é efetuado com as pernas bem separadas, o que permite trabalhar melhor o interior das coxas e toda a parte externa do glúteo.

Inspire progressivamente ao descer, para melhor oxigenar os músculos, e expire ao subir, para obter uma contração melhor.

Contraia os glúteos e os abdominais para aliviar as lombares.

Desça as coxas na altura dos glúteos.

1 De pé, pernas bem separadas, pés voltados para o exterior, uma barra com pesos (que devem ser definidos em função de seu nível) sobre os ombros.

3 séries de 20 movimentos

2 Flexione os joelhos, descendo as coxas até formar um ângulo reto e inclinando o quadril para frente de modo a não compensar com as costas. Inspire, segure a respiração, desça lentamente e, depois, suba expirando, enquanto contrai os glúteos e os abdominais para aliviar as lombares.

! Não apoie a barra sobre as cervicais, pois isso poderá provocar dores no pescoço.

Agachamento com pernas separadas   5

COXAS

6 Levantamento terra, pernas estendidas

COXAS

Trabalho dos músculos das pernas, ombros e lombares. Este exercício trabalha o conjunto dos músculos do corpo e se mostra extremamente eficaz, não só para o desenvolvimento dos músculos sacro-lombares e do trapézio, mas também para o desenvolvimento dos glúteos e dos quadríceps.

> Qualquer que seja o movimento, sempre que houver uma carga maior é essencial efetuar um "bloqueio" inicial da respiração.

Contraia a parede abdominal.

Deixe as costas retas.

Mantenha as costas ligeiramente arqueadas.

Mantenha a parede abdominal e a região lombar contraídas.

! Durante toda a execução do movimento é essencial não arredondar as costas.

 3 séries de 15 movimentos

1 De pé, diante da barra colocada no solo, pernas ligeiramente afastadas, costas retas no eixo do corpo e um pouco arqueadas. Flexione as pernas para levar as coxas quase até a posição horizontal (Essa posição vai depender da flexibilidade dos tornozelos e da morfologia de cada indivíduo: no caso de fêmures e braços curtos, as coxas ficarão na horizontal; no caso de fêmures e braços longos, as coxas ficarão um pouco mais altas do que a horizontal). Segure a barra, com os braços estendidos e as mãos em pronação, um pouco mais afastadas do que a distância dos ombros (ao inverter a pegada de uma das mãos, ou seja, uma mão em pronação e a outra em supinação, impede-se que a barra role, o que torna possível usar cargas cada vez maiores).

2 Inspire, segure a respiração, contraia a parede abdominal e a região lombar e levante a barra esticando as pernas, fazendo-a deslizar ao longo das tíbias.

3 Quando a barra chegar na altura dos joelhos, levante completamente o tronco, terminando a extensão dos membros inferiores; expire durante o fim do esforço.

4 Mantenha a extensão do corpo durante 2 segundos e, depois, desça até a posição inicial, mantendo a parede abdominal e a região lombar contraídas.

Levantamento terra, pernas estendidas

6 COXAS

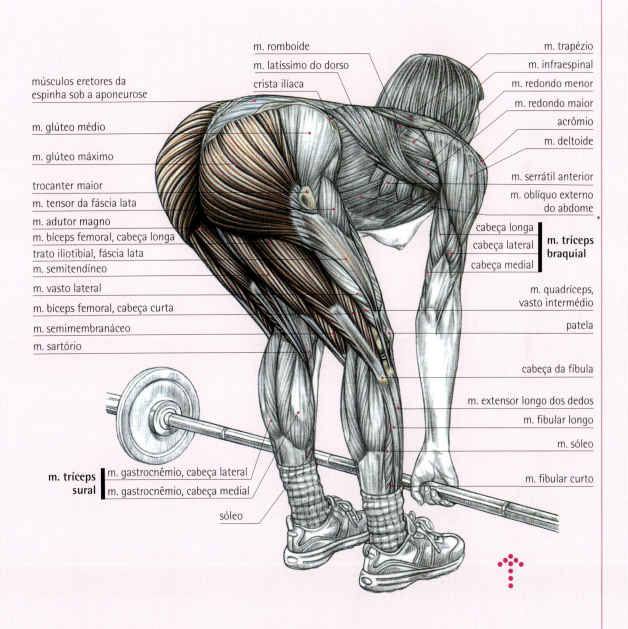

7 Levantamento terra, pernas separadas

COXAS

Trabalho dos quadríceps e dos adutores. Ao contrário do levantamento terra clássico, este exercício faz trabalhar mais intensamente os músculos quadríceps e a massa dos adutores das coxas e menos intensamente as costas, que ficam menos inclinadas na posição inicial.

3 séries de 20 movimentos

! No início do movimento, é importante que a barra deslize ao longo das tíbias. Se praticado em séries longas (máximo de 10) e leves, este exercício é excelente para fortalecer a região lombar, trabalhando as coxas e também os glúteos. Porém, se as cargas forem pesadas, é preciso realizar esse movimento com cautela para não traumatizar a articulação do quadril, os músculos adutores das coxas e a articulação lombossacral, que é muito exigida durante a execução do exercício.

1 De pé, diante da barra, pernas afastadas, pés voltados para o exterior, sempre no eixo dos joelhos. Flexione as pernas para levar as coxas à posição horizontal, segure a barra, braços estendidos, mãos em pronação um pouco mais afastadas que a largura dos ombros.

2 Inspire, curve ligeiramente as costas, contraia a parede abdominal e estenda as pernas, endireitando o tronco para ficar em posição vertical, com os ombros voltados para trás. Expire durante o movimento. Recoloque a barra no solo, prendendo a respiração, sem nunca arredondar as costas.

Ombros voltados para trás. ▶

Contraia a parede abdominal. ▶

Vire os pés para o exterior, no eixo dos joelhos. ▶

Invertendo a pegada de uma das mãos, ou seja, deixando uma mão em supinação e a outra em pronação, você impede que a barra role, o que permite usar cargas maiores.

140

Levantamento terra, pernas separadas 7

COXAS

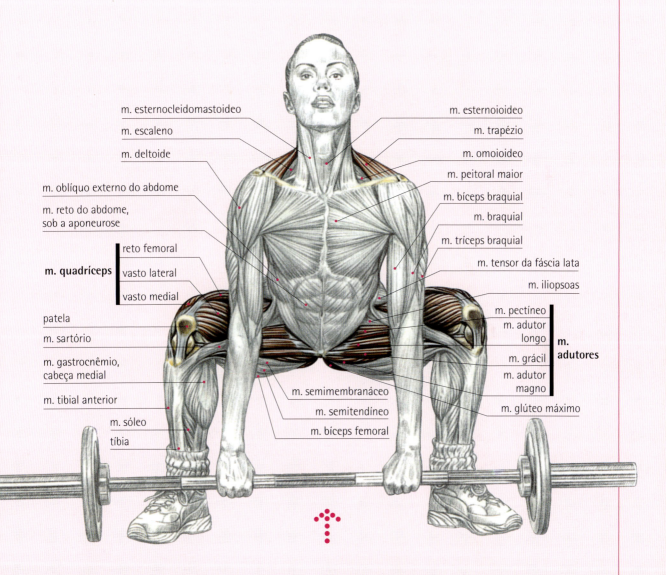

141

8 Alongamento do quadríceps e dos adutores

Trabalho dos músculos quadríceps e adutores. Para modelar de forma harmoniosa a parte da frente e do interior das coxas, não há nada mais eficaz que estes exercícios de alongamento.

> Para ter mais equilíbrio, apoie a outra mão em uma parede ou em um objeto estável.

! Para sentir bem o alongamento do reto femoral, a coxa deve ser levada o mais para trás possível, pois sua extensão é naturalmente limitada pelo tensionamento do ligamento iliofemoral.

a De pé, pernas fechadas, costas bem retas, cabeça no prolongamento do corpo, uma das mãos na cintura. Flexione uma perna para trás, segurando o pé com a mão do mesmo lado da perna flexionada. Faça uma retroversão do quadril para frente a fim de acentuar o alongamento do quadríceps; inspire e expire lentamente, mantendo a posição estática e, depois, mude de perna.

◁ Puxe o pé para o alto, tentando aproximar o calcanhar dos glúteos.

b De joelhos, uma perna flexionada à frente, apoiar sobre o joelho a mão do mesmo lado da perna flexionada. Com a outra mão, segure o pé e, progressivamente, leve o calcanhar em direção aos glúteos. Mantenha a posição por alguns segundos enquanto respira profundamente. Mude de perna.

c Sentada no chão, pernas afastadas, tronco inclinado para frente, cotovelos apoiados no chão, mantenha essa posição a fim de alongar toda a área dos adutores e de relaxar o quadril.

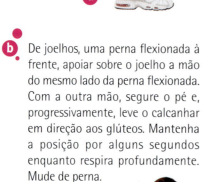

◁ Mantenha os pés bem retos.

▲ Separe as pernas de acordo com sua flexibilidade.

↻ Mantenha a posição por 20 a 30 segundos.

Alongamento do quadríceps e dos adutores

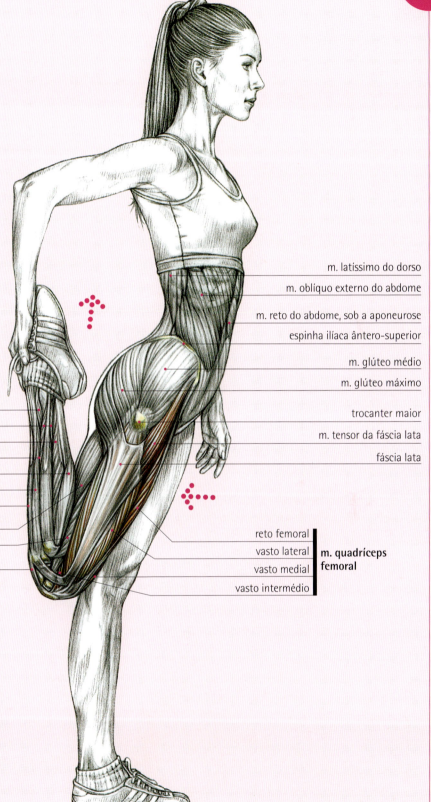

COXAS

143

Agradecimentos

Agradecemos ao hotel Fouquet's Barrière, esse estabelecimento de prestígio onde todas as celebridades francesas e internacionais vêm de tempos em tempos para cuidar do corpo, com as massagens e a orientação proporcionadas em um ambiente mágico. Agradecemos também ao restaurante Lapérouse por sua cozinha refinada e sua linda decoração e, igualmente, agradecemos à cervejaria Saint Séverin por seu ambiente tipicamente parisiense.

Desejo agradecer calorosamente a todos que, de alguma forma, participaram desta obra: Dominique Romano, M. D. Lebosse, Alexis Debrosse, Mourade e Loumia Amarsy, meu irmão Gregory Akoka, minha mãe, Pierre Dukan, ao nutricionista com quem trabalho no que se refere às questões de alimentação, bem como a Michel e Jocelyne Lasorne, Stéphane Kassab, Nadine Pomarède, Marie-Joëlle Thomas, Alain Finkielkraut e ao rabino Sitruk.

Por fim, agradeço particularmente a Sylvie Lasorne, por seu profissionalismo e pelos valiosos conselhos de orientação para emagrecimento e bem-estar.

J.-P. Clémenceau

Visite o site de Jean-Pierre Clémenceau na internet: www.jpclemenceau.com